SINAIS ONÍRICOS: UM ESTU

SIN
UM ESTUDO PÓS
DE LIBRAS E

2023

Ficha catalográfica:

Rocha, Danilo Ramos da. **Sinais oníricos: um estudo pós crítico dos sinais de Libras em Porto Velho** / editoração e ilustração: João Carlos Gomes. - 1. ed. - Porto Velho: KDP – Amazon, 2023. 115 p.

ISBN: 9798391471103

Assuntos:

Libras.
Estudos culturais.
Sinais Termos.
Educação de Surdos.
CDD: 419.7

PREFÁCIO

SINAIS ONÍRICOS: MÃOS QUE FALAM

Entre as mãos que falam, há um universo de sinais a desbravar. Uma língua viva, pulsante, que se renova a cada dia. Mas nem sempre essa língua é plena, completa. Há lacunas, falhas, pontos cegos que impedem uma comunicação fluida e eficaz. Danilo Ramos da Rocha mergulhou nesse universo para desvendar um enigma: como mapear os sinais dos bairros de Porto Velho, quando muitos termos técnicos e palavras não possuem correspondente visual?

Com um estudo pós-crítico de caráter etnográfico, Danilo nos guia pelos labirintos da Língua de Sinais Brasileira, desvendando as sutilezas e nuances que fazem dessa língua uma manifestação rica e diversa. Mas sua pesquisa não se limita à teoria: Danilo mergulha na realidade da comunidade surda de Porto Velho, explorando sua cultura e identidade para encontrar os sinais-termos. Sua metodologia minuciosa e sensível busca o direito à diversidade cultural, revelando que a Língua de Sinais Brasileira é uma língua viva, que se adapta e evolui a cada contexto cultural.

Nesse estudo, Danilo nos convida a olhar para além das limitações impostas pela cultura ouvinte, para reconhecer a riqueza e potencialidade da cultura surda. Ele nos mostra que a educação superior pode e deve ser um espaço pedagógico inclusivo, que valorize a diversidade e promova a igualdade de oportunidades. E, acima de tudo, ele nos revela a poesia e beleza que se escondem nos sinais, nas mãos que falam e sonham.

Trata-se de um estudo que nos convida a refletir sobre como a comunicação é fundamental para o nosso convívio em sociedade e como a falta de compreensão pode gerar distanciamento e exclusão. O olhar pesquisador de Danilo Ramos da Rocha, com sua pesquisa etnográfica e estudo pós-crítico, é uma contribuição valiosa para o desenvolvimento linguístico e cultural dos sujeitos surdos de Porto Velho no contexto do bioma amazônico.

Em cada página encontramos não apenas um estudo acadêmico, mas uma obra poética e sensível, que nos leva a mergulhar na riqueza e complexidade dos sinais de Libras com base na cultura e identidade da comunidade surda de Porto Velho. E, ao final, somos convidados a sair desse mergulho com um novo olhar, mais sensível e inclusivo, capaz de reconhecer a diversidade como um valor fundamental na pluralidade dos povos amazônicos.

Por isso, a proposta de mapeamento dos sinais de Libras dos bairros de Porto Velho, com base na cultura e identidade da comunidade surda, é tão importante e relevante para estudos surdos realizados na Amazônia. Essa pesquisa não apenas identificamos os sinais faltantes, mas também reconhece a importância da cultura e identidade surda para a construção de uma sociedade mais inclusiva, fraterna e solidária.

A Língua de Sinais Brasileira é reconhecida como uma língua oficial no Brasil, mas ainda enfrenta muitos desafios para sua valorização e disseminação. É importante que as comunidades surdas tenham voz e sejam ouvidas, para que a diversidade e riqueza da Língua de Sinais Brasileira sejam reconhecidas e valorizadas.

SINAIS ONÍRICOS é um convite para mergulhar em um mundo fascinante, onde a linguagem transcende as barreiras impostas pela audição. É uma obra essencial para quem busca compreender a riqueza e complexidade da Língua de Sinais Brasileira, e para quem deseja construir um mundo mais justo, inclusivo e intercultural para todos.

João Carlos Gomes
Docente e Pesquisador
Universidade Federal de Rondônia
Departamento de Libras
Editor do Livro

SUMÁRIO

INTRODUÇÃO

A MINHA ETNOGRAFIA NO CONTEXTO AMAZÔNICO

  A minha identidade no contexto amazônico

  Narrativas de Minhas Origens Familiares

  O ensino superior: desafios, vitórias e dificuldades

AS LÍNGUAS DE SINAIS EM CONTEXTO AMAZÔNICO

  As Línguas De Sinais Como Língua Natural

  O Surdo e o Direito ao Bilinguismo

  Língua, Linguagem e Surdos: Um Processo de Aquisição

  A Descolonização das Línguas de Sinais

O OLHAR PÓS CRÍTICO DA PESQUISA

  Pressupostos E Premissas Da Pesquisa

  Sujeitos da Pesquisa

  A Produção de Dados da Pesquisa

  Procedimentos da Análise dos Dados

SINAIS ONÍRICOS:

UM ESTUDO PÓS CRÍTICO DOS SINAIS DE LIBRAS

  A relação dialógica do Pesquisador com a pesquisa

  Os registros dos Sinais-termos

  Mapeamento dos sinais dos nomes dos bairros

  Representações iconográficas dos sinais

CONSIDERAÇÕES FINAIS

REFERÊNCIAS

INTRODUÇÃO

Com a criação do Curso de Letras Libras no ano de 2015 pela Universidade Federal de Rondônia, na cidade de Porto Velho, a comunidade surda local passou a ter acesso e a conseguir ingressar no curso, não somente na graduação em Letras Libras, mas em muitas outras áreas do conhecimento acadêmico. Tal fato, se tornou possível devido às políticas de expansão universitária iniciadas a partir do governo Lula (2002-2010), que assegurou acessibilidade ao ensino superior, atendendo às reivindicações e anseios do Movimento Surdo por todo Brasil em defesa da educação para todos.

Apesar do acesso à graduação e pós-graduação no contexto da Universidade Federal de Rondônia, os surdos ainda necessitam de uma acessibilidade linguística que valorize a cultura e identidade da comunidade surda local. Neste sentido, reconhecemos que muitos termos técnicos utilizados pelos docentes ainda não possuem sinais em Libras, dessa forma, os intérpretes e até mesmo os docentes surdos recorrem à soletração manual, tomando como empréstimo a Língua Portuguesa, a qual, por vezes, torna-se incompreensível para os sujeitos surdos. Neste contexto, o presente estudo e pesquisa é voltado para o mapeamento de sinais-termos, intentando contribuir para a compreensão da língua de sinais (LS) na perspectiva da cultura e identidade surda, considerando que, a Língua de Sinais Brasileira (LBS) é uma língua gesto-visual que manifesta a cultura e identidade do povo surdo.

Para refletir os signos linguísticos que compõe os sinais-termos na LBS, buscamos identificar os conceitos e significados dos nomes dos bairros da cidade de Porto Velho, conforme os conceitos de terminologia das palavras configuradas por sinais, os quais representam a cultura e identidade da referida cidade. Para identificação dos sinais-termos dos nomes dos bairros, reivindicamos pressupostos teóricos com base nos conceitos de iconicidade, presentes nos sinais que revelam a cultura e identidade dos nomes dos bairros de Porto Velho. Reconhecemos que os sinais-termos são unidades terminológicas específicas que apresentam formas de registro e organização das configurações dos sinais, conforme as características da cultura e identidade dos bairros (MARTINS & STUMPF, 2016, p. 46).

Como objetivo geral, a presente pesquisa buscou registrar uma bacia semântica de sinais-termos dos nomes dos bairros de Porto Velho, com base na cultura e identidade dos bairros. Como objetivos específicos, procuramos realizar um mapeamento dos nomes dos bairros da cidade, identificar nos sinais de configuração dos nomes desses bairros as representações iconográficas relacionadas à cultura e identidade surda, bem como, validar os sinais-termos através de uma equipe multidisciplinar para a construção de um glossário de Libras com os nomes dos bairros.

Como pressuposto do conceito de bacia semântica, recorremos à teoria de Gilbert Durand (2004, p. 103), a qual, pode ser definida enquanto "um conjunto de ideias, significados e expressões de uma dada sociedade, na qual o indivíduo nasce". Neste prisma, reconhecemos o conceito de bacia semântica dos nomes dos bairros de Porto Velho que têm em seus nomes, representações simbólicas de artefatos culturais representantes da cultura e identidade nas configurações dos respectivos sinais. A partir de conjunto de palavras selecionadas, com base na cultura e identidade surda presentes nas configurações de sinais, a bacia semântica revela as relações históricas dos nomes dos bairros, revelando também o modo de compreensão de mundo da comunidade surda, com base nos sentidos e significados da linguagem gesto-visual.

Para definir o sentido da palavra "mapear", recorremos aos pressupostos teóricos de Biembengut (2008, p.51), como uma maneira de atribuir significado às informações, e, à realidade pesquisada. "[...] o mapeamento permite-nos formar imagens da realidade e dar sentido às muitas informações, captando traços e características relevantes [...]". Com base nesses pressupostos, o mapeamento dos sinais dos nomes dos bairros é uma pesquisa que visa identificar os artefatos culturais da comunidade surda, analisando as informações presentes na configuração de sinais. Portanto, analisando e registrando os dados, verificamos a necessidade de interferir na construção dos resultados para melhorar a vida do grupo estudado.

Por outro lado, o mapeamento e registro de sinais, nas palavras de Calvet (2007, p. 57), "são ações que garantem a preservação da língua". Partindo desse prisma, mapear os sinais do curso de Letras Libras é uma tarefa constante para a conservação da Língua de Sinais no contexto da educação de surdos que frequentam o ensino superior. Neste contexto, a presente pesquisa intentou buscar e registrar *uma bacia semântica de sinais-termos de Libras* para os bairros de Porto Velho, com base na cultura e identidade da comunidade surda. Os Objetivos Específicos são mapeamento de palavras e termos relacionados aos bairros de Porto Velho; identificar os sinais-termos das palavras mapeadas com representação iconográficas relacionados à cultura e identidade surda, e, validar os sinais-termos com uma equipe de glossário de Libras composta por surdos e ouvintes.

Neste cenário, o mapeamento dos sinais, pretende reforçar a cultura e identidade do povo surdo, além de favorecer a aquisição de conhecimentos no contexto do mestrado acadêmico em letras da Universidade Federal de Rondônia. A organização dos sinais buscará a identificação da cultura e identidade surda. É nas palavras de Biembengut (2008, p. 51) que procuramos relacionar ou ligar um conjunto de dados proporcionando assim, uma análise mais detalhada dos sinais-termos.

Neste cenário, reconhecemos que a aprendizagem de qualquer língua está relacionada intrinsicamente à aquisição da linguagem, ao passo que, sem atingir tal aquisição, o sujeito surdo não conseguirá despertar para a aprendizagem da Libras, sua língua natural. É nesse pensamento que, a aquisição de uma perspectiva visual ganha espaço no desenvolvimento cognitivo do surdo, considerando que, a aquisição da linguagem visual constrói bases cognitivas necessárias para a aprendizagem consistente da

Libras. Portanto, não se pode pensar na privação do surdo na aquisição da linguagem visual, mesmo porque, ele não conseguirá reter a aquisição sonora da palavra.

A pesquisadora surda, Gladis Perlin (2020, p. 170), que vem inspirando diversos estudos e pesquisas no contexto do Grupo Pesquisador em Educação Intercultural (GPEI), liderado pelo Professor Dr. João Carlos Gomes da Universidade Federal de Rondônia (UNIR), revela que "a Cultura Surda traz em si elementos importantes que a identificam, a constituem e a colocam no rol das diferentes culturas que perfazem o panorama das posições da modernidade tardia". Nesse contexto, Perlin (2020) assegura que os espaços da cultura são regidos por poderosas relações de poder, as quais revelam que, cada cultura manifesta sua própria autoridade. Desta forma, ela nos mostra que uma cultura difere da outra pelo enunciado que ela produz. Neste sentido, ela considera que, pelas tramas de poder e pelas narrativas que produz, cada cultura relaciona a língua que constitui a cultura de um povo.

Para Perlin (2020, p. 171) as relações culturais presentes nas narrativas culturas da comunidade surda, sempre se encontram atreladas aos olhares e às formas de representação do mundo e da alteridade, à uma ideologia do poder dominante, o qual, procura manter essa cultura e identidade na subalternidade, impondo assim, outros modos de ler, inventar, escrever o mundo e as relações sociais. Nesse sentido, podemos reconhecer que as corroborações dos estudos teóricos de Gladis Perlin (2020) que, as formas de representar, pesquisar e escutar o surdo, estão fortemente marcadas por uma concepção falante e ouvinte de normalidade, cujas relações encontram-se atravessadas por traços simbólicos que geram o efeito de naturalização da superioridade (normalidade) das culturas ouvintes sobre as surdas (vistas como subalternas ou deficitárias).

Neste contexto, Strobel (2013, p. 44), corrobora essa reflexão, ao afirmar que "a língua de sinais é uma das principais marcas da identidade do povo surdo, pois é uma das peculiaridades da Cultura Surda, é a forma de comunicação que capta as experiências visuais dos sujeitos surdos". Assim sendo, na visão de Machado (2009, p. 210) "[...] a aceitação de uma língua implica sempre a aceitação de uma cultura". Dessa forma, aceitar a Libras na universidade e garantir condições para que os sujeitos surdos consigam ingressar no curso de graduação, é também receber a Cultura Surda em todos os espaços da universidade.

Neste cenário, João Carlos Gomes e Shirley Vilhalva (2020), com base nos os estudos e pesquisas desenvolvidos no contexto do Grupo Pesquisador em Educação Intercultural (GPEI), da Universidade Federal de Rondônia, revelam que, os pressupostos e premissas dos estudos surdos pós-críticos tornam-se uma das possibilidades constitutivas que temos, para refletir as relações das línguas de sinais com a cultura e identidade de cada povo. Com isso, os pesquisadores compreendem que os surdos se constituem num arco íris de pluralidade cultural, na medida em que, promovem uma interação entre o eu, o outro e o mundo, nos espaços de natureza e cultura de suas comunidades.

Dessa forma, eles reconhecem que as mudanças provocadas pelos processos da globalização neoliberal, e, pela crise de paradigmas da modernidade nas sociedades contemporâneas, têm provocado significativas transformações nos processos de ensino e aprendizagem, os quais, merecem a construção de novos olhares na perspectiva da educação intercultural enquanto paradigma dos estudos surdos. Com base nesses pressupostos refletidos, é possível reconhecemos que a sociedade envolvente é formada por pessoas de diferentes crenças, culturas e valores, portanto, devemos compreender e respeitar a língua natural das pessoas surdas, no caso, as línguas de sinais (LS). Do ponto de vista clínico, a surdez se caracteriza pela diminuição da acuidade e percepção auditiva que dificulta a aquisição da linguagem oral de forma natural. A existência da Cultura Surda, parte da compreensão que as pessoas surdas têm como principal marco de sua cultura e identidade, a língua de sinais.

Neste contexto em tela, Skliar (2001) nos mostra que a Cultura Surda é uma maneira singular de ver o mundo, através de uma experiência visual que transcende para além dos aspectos linguísticos da língua, posto que, para o surdo, a significação visual esteja presente em todas as ações do cotidiano. Por outro lado, não há que se falar em cultura inferior ou superior, apesar da sociedade como um todo em sua grande maioria de não surdos, acreditarem ter uma suposta cultura superior. Assim, a relações dos surdos com o mundo situam-se culturalmente dentro das experiências visuais. Como as línguas de sinais são visuo-espaciais, captando as experiências da cultura e identidade visuais das pessoas surdas, a mesma, apresenta uma sintaxe espacial, incluindo os chamados classificadores, que utilizam as referências de iconicidade presente nos sinais.

Pesquisar sobre as línguas de sinais vem comprovando que se trata de línguas que possuem complexidades e expressividades como as línguas orais. Assim, a criação de sinais-termos é imprescindível para facilitar os processos de ensino e aprendizagem de surdos, especialmente no contexto do ensino superior. Segundo Silva (2009, p. 86), "[...] não se pode estabelecer uma hierarquia entre as culturas humanas de que todas as culturas são epistemológica e antropologicamente equivalentes". O autor afirma não existir critérios que determinam a superioridade entre as culturas, mas sim uma igualdade, pois vivemos em um mundo intercultural, no qual, as trocas culturais são essenciais para o crescimento dos indivíduos.

Desta forma, o mapeamento etnográfico dos sinais-termos através das características de iconicidade, pretendem revelar a cultura e identidade dos bairros de Porto Velho, apoiado nos pressupostos teóricos da etnolinguística, segundo Lima Barreto (2010), pois, trata-se de estudo tanto dos fenômenos linguísticos quanto dos antropológicos, posto que, tal cultura não seja autônoma em si, mas marcada pela interdependência. Com isso, reconhecemos que os sinais apresentados isoladamente não possuem significados, visto que precisam estabelecer uma relação de subordinação com a cultura visual. Para Lima Barreto (2010), a etnolinguística não analisa o fato linguístico isoladamente, mas, sempre relacionado ao contexto no qual esse foi produzido, considerando ainda, os dados paralinguísticos e extralinguísticos. O mapeamento dos sinais, portanto, ancora-se na perspectiva visual da comunidade acadêmica surda, buscando assim, uma maior valorização da língua, cultura e identidade surda.

Com base nestes pressupostos teóricos iniciais, como metodologia de pesquisa para alcançar os objetivos, pretende-se realizar um estudo pós-crítico de caráter etnográfico, visando à identificação dos sinais-termos como direito à diversidade cultural, com base nas línguas de sinais. Enquanto estudo de caso de olhar etnográfico, buscamos contribuir para o crescimento cultural e linguístico da comunidade surda na perspectiva dos diálogos interculturais, como uma possibilidade de superar os desafios da aceitação de identidade cultural dos surdos no ensino superior na Universidade Federal de Rondônia.

Essa opção epistemológica será orientada também pelos paradigmas da pesquisa participante de caráter qualitativo, o que dispensa longas teorias para justificar, que, o objetivo maior seja proporcionar às próprias pessoas envolvidas um aprendizado, participação e apropriação dos resultados de forma coletiva. A abordagem da pesquisa será dentro da concepção das letras aplicadas à educação diferenciada, com a criação de uma comunidade interpretativa de aprendizagem para identificação da iconicidade nos sinais. Essa opção, consolida-se na criação de um coletivo educador, o qual, contribuirá para o despertar de outras possibilidades mais elevadas na construção de novas práxis de sensibilização para a educação, identidade e cultura do povo surdo no ensino superior.

Neste sentido, acredita-se que a presente pesquisa pode potencializar a compreensão das relações de cultura e identidade, presente nas línguas de sinais. Como o ensino superior sempre foi um espaço pedagógico predominante da cultura ouvinte, criou-se, historicamente, um estereótipo de incapacidade, de deficiência para o surdo, de outra forma, o presente estudo pretende contribuir para revelar que os surdos apenas possuem uma cultura e identidade diferentes. Como proposta final de pesquisa, foi criado um glossário com sinais específicos, a fim de revelar, que, os surdos e os não surdos podem usufruir desses sinais, tendo como conceito a cultura e identidade surdas, bem como, certo conjunto de características que definem um grupo, os quais incidem ainda, na construção dos sujeitos surdos como povo étnico.

Essa pesquisa encontra-se organizada em quatros seções. A primeira seção trata da etnografia de si, onde buscamos revelar quem é o pesquisador no contexto dos estudos surdos amazônicos, participante do mestrado acadêmico em letras da Universidade Federal de Rondônia. Nessa seção, o pesquisador procurou realizar uma narrativa de sua própria etnografia, a qual, visa servir de exemplo para comunidade surda, não com lamentos e vitimismos, mas enquanto representação de uma vida cheia de percalços e superação, com a qual, provavelmente, outros surdos poderão se identificar, incentivados a derrubar as mesmas barreiras, uma das quais - a maior, é a língua do colonizador e seus preconceitos.

Na seção dois, buscamos realizar uma fundamentação teórica sobre os pressupostos da aquisição da Língua de Sinais Brasileira, demonstrando a importância da língua de sinais como uma das principais marcas da cultura e identidade do povo surdo. Com isso, buscamos evidenciar as peculiaridades da cultura e identidade surda nos processos de comunicação e expressão através das línguas de sinais, revelando assim, as experiências visuais dos sujeitos surdos. Dessa forma, pretendemos demonstrar que, a aceitação de uma língua, passa pelo reconhecimento da cultura e identidade de um povo. Assim, o reconhecimento da Libras como língua natural da comunidade surda na universidade, é uma forma de garantirmos condições para que os sujeitos surdos consigam ingressar no curso de graduação e pós-graduação.

Na terceira seção buscamos demonstrar como se deu a metodologia dessa pesquisa, na perspectiva dos estudos surdos pós-críticos. Essa opção epistemológica foi orientada pelos paradigmas da pesquisa participante de caráter qualitativo, voltada aos estudos terminológicos dos sinais-termos em Língua de Sinais Brasileira (LBS). Os objetivos da pesquisa, pois, dispensam longas teorias para justificar que, o proposito maior é que as próprias pessoas envolvidas aprendam, participem e se apropriem dos resultados de forma coletiva. A abordagem da pesquisa foi construída dentro da concepção das letras aplicadas à educação diferenciada, com a consequente criação de uma comunidade interpretativa de aprendizagem. Essa opção consolida-se na criação de um coletivo educador, que contribuiu para o despertar de outras possibilidades mais elevadas na construção de novas práxis de sensibilização para educação, identidade e cultura do povo surdo no ensino superior.

Na quarta seção revelamos os resultados da pesquisa que demostrando O mapeamento etnográfico dos sinais-termos, apoiando-se na etnolinguística que segundo Lima Barreto (2010), trata-se de estudo tanto de fenômenos linguísticos quanto antropológicos, por isso, ela não é autônoma em si, mas marcada pela interdependência. Os sinais apresentados isoladamente não possuem significados, visto que precisam estabelecer uma relação de subordinação com a cultura visual. Com esse pressuposto, demonstramos que o fato linguístico isoladamente, não revela os símbolos iconográficos presentes nos sinais, mas, sempre relacionados ao contexto em que eles foram produzidos, considerando os dados paralinguísticos e extralinguísticos. Com isso, o mapeamento dos sinais ancora-se na perspectiva da cultura gesto-visual da comunidade acadêmica surda, buscando uma maior valorização da língua, cultura e identidade surda.

Neste cenário, reconhecemos que a, a importância do presente estudo e pesquisa, considerando que a cultura e identidade surda seja uma outra maneira de ver o mundo através do olhar. A Língua de Sinais Brasileira, é uma língua gesto-visual que vai além das experiências linguísticas gramaticais, fonológicas, fonéticas e morfológicas. Para os sujeitos surdos, a cultura visual revela outra maneira de ver o mundo com suas diferenças e contradições.

As línguas de sinais estão em construção, e, sua compreensão reflete a cultura e identidade de cada comunidade surda, tornando-se com isso, essencial que o papel do Intérprete de Língua de Sinais (ILS) seja realizado com base nos sinais convencionados, ou não, presentes em cada comunidade.

Parafraseando Paulo Freire, podemos assegurar as línguas de sinais não podem tudo, mas, são o principal artefato cultural que assegura a acessibilidade dos surdos diante da diversidade cultural do mundo em tempos de pandemia da covid-19.

A MINHA ETNOGRAFIA NO CONTEXTO AMAZÔNICO

A MINHA IDENTIDADE NO CONTEXTO AMAZÔNICO

Nessa seção, descrevo um pouco de minha vida como sujeito surdo, reconhecendo no campo dos estudos culturais, a importância dessa autoetnografia, posto seja importante situar o lugar de minha narrativa sobre a cultura e identidade do povo surdo. Com essa primeira seção, procuro narrar a etnografia de minha existência para revelar quem sou eu, no contexto dos estudos da diversidade no contexto amazônico.

Como faço parte da cultura e identidade surda dos povos amazônicos, gostaria de assegurar também, fazer parte dos sujeitos que utilizam a língua de sinais nas relações interculturais com a sociedade envolvente, a qual, possui uma identidade cultura de ouvinte marcada pela voz.

Tem sido recorrente os momentos nos quais, temos de "nos virar" para entender o que se passa ao redor, sem que ao menos nos fosse proporcionado uma educação prévia que nos garantisse historicamente o respeito à própria cultura e identidade surda. Temos que fazer muito sacrifício para aprender Libras nas escolas com professores bilíngues, e aprender o português escrito como segunda língua, com intérpretes sem fluência em Libras nos processos de ensino e aprendizagem.

Para vencer esses desafios crescendo dentro de escolas sem profissionais qualificados minimamente, tivemos que "nos virar" sem intérpretes, e, ainda temos que ensinar Libras para os intérpretes iniciantes que se aventuram a entrar na área, sem o necessário conhecimento das línguas de sinais.

Dessa forma, mudamos da posição de alunos muitas vezes, pois, ao invés de ter um profissional que nos ensinasse ou que interpretasse em sala, assumimos o papel de professores e passamos vezes sem conta a ensinar aqueles, ao invés de estar em sala aprendendo junto com os demais alunos. Tal situação se agrava ainda, com a nossa imensa dificuldade em ler o português, dificultando sobremaneira não apenas a comunicação, mas impactando diretamente o nosso aprendizado.

Enquanto sujeitos surdos, temos de lutar muito para entrar nos espaços, e dar continuidade aos estudos, e mesmo, conseguir um emprego, consultar um médico, que dirá então, um psicólogo! Sofremos muito com todos esses processos de exclusão, posto que, pela barreira linguística, estejamos o tempo inteiro sendo questionados ou avaliados de forma negativa.

A grande maioria da sociedade envolvente desconhece nossa cultura e língua, posto tenha herdado o discurso colonizador que nos estigmatiza como preguiçosos, incapazes, "enrolões" e analfabetos funcionais, isso sem falar do epíteto "mudinho", com o qual somos nominados ao nível do senso comum.

O português escrito tem sido uma imensa barreira para a grande maioria dos surdos, pois, não o dominamos, haja vista, não sermos ensinados corretamente nem mesmo por nossos pais, muitos deles ouvintes. Aliado a isso, dificilmente encontramos professores que entendam ser o português a nossa segunda língua, acreditando esses muitas vezes, que, só ter intérprete em sala de aula seja suficiente para atender às nossas necessidades!

Imaginemos que um ouvinte na mesma situação, dentro de um espaço em nível de Educação Superior tenha de ler todo o seu material didático em outra língua? E, se não tiver o domínio pleno dessa língua, como seria, frente aos demais colegas que têm acesso, domínio linguístico direto e pleno com o professor, além de dominar a língua escrita?

Que meritocracia é essa em que, mesmo sem a paridade de recursos, um aluno surdo tem que lutar mais e fazer mais, sempre? Isso gera um mal-estar constante que nos acompanha desde o ingresso na educação infantil, e que, ao longo da adolescência e da vida adulta já se encontra incorporado como parte de nossa vivência, mas não deveria ser assim.

Em sala de aula, recebemos textos e mais textos em português sem nenhuma ajuda para compreendê-los eficazmente, pois os intérpretes geralmente, só traduzem a fala do docente: o restante é problema do surdo. O surdo que se esforce, o surdo que pare tudo e se concentre em fazer igual ou melhor que os outros!

A grande maioria de nós surdos, é constantemente limitado às informações do cotidiano, especialmente surdos que não tem fluência na língua portuguesa (a grande maioria), a situação é tão crítica, que é muito difícil entender mesmo, o que se passa em nosso próprio país através do noticiário televisivo ou escrito.

Se existem ouvintes que têm dificuldades provocadas por questões socioeconômicas para obter determinados tipos de conhecimentos, para o surdo nas mesmas condições socioeconômicas, junta-se o fato de ter (quando têm) acesso tardio a um aprendizado do português escrito, adquirindo pouca fluência nessa língua, o que implica passar longe da produção de conhecimento proporcionada por pensadores, filósofos e teóricos. Essa ampla limitação no campo da produção de conhecimento, dá-se justamente pela falta de acesso às informações básicas para construir qualquer arcabouço intelectual, limitando assim, os sujeitos surdos às discussões e pensamentos de interesse acadêmico.

Dessa forma, intento refletir como poderia escrever sobre Amazônia, Rondônia, Porto Velho (minha cidade de nascença), Cultura e Pós Colonialismo se não fosse do meu próprio lugar de fala, e, da minha própria experiência identitária?

Na condição de surdo, luto pela independência de meus iguais, buscando a defesa da língua de sinais como língua natural, e, exigindo respeito perante a sociedade em que vivemos. Enquanto sujeitos, não conseguimos formar nossa luta identitária de maneira célere, como os sujeitos da sociedade envolvente em função do isolamento em relação a outros sujeitos surdos.

O que ocorre na maior parte dos casos, é o fato do surdo nascer em uma família ouvinte, e, por isso, não ter contato com outros surdos até a segunda infância ou adolescência. A formação de uma identidade surda expressa por eles como apropriação cultural, geralmente se realiza a partir do contato com surdos politicamente engajados em associações, escolas bilíngues, eventos acadêmicos entre outros.

Karin Strobel (2008, p. 26), em seu livro *As imagens do outro sobre a Cultura Surda*, acredita que é essencial entendermos a Cultura Surda como algo que penetra na pele do povo surdo participante das comunidades surdas, compartilhando algo que têm em comum: seu conjunto de normas, valores e comportamentos.

Os surdos que não compartilham desses valores, não têm o conceito de Cultura Surda formado, podendo se enxergar como pessoas estigmatizadas. O termo estigma, portanto, será usado em referência a um atributo profundamente depreciativo, mas na realidade, o que precisamos mesmo, é de uma linguagem de relações, não de atributos (GOFFMAN, 1980, p. 13).

O *orgulho surdo* é um conceito bastante enfatizado pela comunidade surda, e, uma noção estudada pela pesquisadora surda Strobel (2008). Essa noção indica o desafio diário com o qual os surdos se defrontam, posto que, na história dos surdos, os autores mais comentados são os ouvintes, e não os próprios surdos. Ironicamente, são os ouvintes que têm voz, e que, falam da comunidade surda sobre a experiência de como é viver/ser surdo.

Dessa forma, os surdos colocam as seguintes questões sobre os trabalhos escritos por autores ouvintes sobre eles: "Muitos autores escrevem bonitos livros sobre surdos, mas eles realmente nos conhecem? O que sabem sobre a Cultura Surda? Eles sentiram na própria pele como é ser surdos?" (*op. cit*, p. 13). Experienciar um contato com os surdos é muito diferente de ser um surdo, não importa quanta empatia o ouvinte tenha, ele jamais será surdo, e, sua posição na comunidade surda se define por esta contraposição. Comumente é estabelecida uma dicotomia: surdo versus ouvinte.

O surdo é um sujeito visual, a comunicação natural se dá através dos olhos. Já a comunicação para o ouvinte, é pelos ouvidos, e, como a sociedade envolvente em sua maior parte é ouvinte, essa pode ser considerada colonizadora, posto que, a maior parte das informações transmitidas no mundo, independentemente do idioma, é direcionada às pessoas que escutam.

Através do orgulho surdo, é que foi possibilitado a nós escrevermos nossa própria trajetória histórica e cultural, potenciando hoje, dentro da Comunidade, que muitos tenham se tornado exemplos a serem seguidos, demonstrando que o surdo é capaz, podendo ser uma pessoa politizada/intelectual dentro dessa sociedade ouvinte, ou seja, um sujeito ativo social e politicamente.

Grande exemplo disso é o número de surdos entrando nas graduações, mestrados e doutorados no país, apesar de toda questão linguística envolvida nesses processos, embora esse quantitativo esteja muito defasado em relação ao quantitativo de ouvintes.

Dessa forma, a participação integral e efetiva desses sujeitos nos processos educacionais, tanto na educação básica quanto na superior, ficam comprometidos pelo alcance reduzido no atendimento à diversidade existente, e, no contexto dessas diferenças.

Com todas essas barreiras, os surdos vivem como estranhos dentro de sua própria casa, dentro da escola e dentro da universidade, pertencendo à uma minoria que, diariamente, enfrenta essa barreira linguística, quase como estrangeiros em seu próprio país. Por fazer parte desse povo e dessa história, nessa pesquisa, intento mostrar como tal situação se aplica na prática, utilizando um pequeno recorte da minha própria história de vida.

NARRATIVAS DE MINHAS ORIGENS FAMILIARES

Minha família é composta a partir da minha mãe Marlene Pereira Ramos, e do meu pai, Francisco Welygton da Rocha. Faço parte de uma família de três filhos. A primeira a nascer foi uma mulher, que se chama Marcela, o segundo filho foi um homem, que se chama Rafael, e o terceiro sou eu, que me chamo Danilo.

Nós três nascemos sem nenhuma deficiência, sem nenhum tipo de doença, naturalmente saudáveis. Tive uma infância normal, pois, naquela época eu conseguia escutar normalmente, o que me possibilita lembrar de como era a voz da minha mãe, do meu pai, dos meus irmãos, das minhas tias, dos meus tios, meus primos e dos meus vizinhos. Também recordo de algumas canções das quais consigo relembrar.

A minha infância ocorreu naturalmente até a idade de 6 anos, quando eu acabei contraindo meningite, doença cuja sequela, acabou me tornando surdo. Esse período foi bastante difícil, pois minha mãe estava bastante preocupada, e, tinha de ir em muitos hospitais com esperança de alguém conseguisse ajudar. Ela foi ao Hospital de Base e ao Hospital João Paulo II, atrás de alguma solução. Naquela época, as medicações eram bastantes restritas e quase não havia medicamentos para tratar da meningite.

Toda esta procura acabou fazendo com que, minha mãe juntasse algum dinheiro para comprar medicamentos que pudessem ajudar, ou alguma vacina que possibilitasse minha recuperação. Nesse período todo, de 40 dias, eu estive internado no Hospital Cemetron em coma, e, sem esboçar nenhuma reação. Segundo a explicação de um médico à minha mãe, o fator que permitiu com que eu conseguisse continuar vivo, estava diretamente ligado ao processo de amamentação que tive, o que possibilitou que meu corpo e as defesas dele se mantivessem fortes.

Passados estes 40 dias em coma, eu finalmente voltei à

consciência e consegui acordar, porém, voltar à movimentação foi bastante difícil, pois estava bastante fragilizado, em alguns momentos precisei utilizar da cadeira de rodas, mas, com o tempo e a ajuda necessária, consegui recuperar meus movimentos normalmente.

Apesar de recuperar os movimentos do corpo, fiquei totalmente surdo, surdez profunda (meus dois ouvidos morreram). Entretanto, num primeiro momento, não tive essa percepção de que havia algo errado, sequer percebi que não ouvia mais, minha mãe percebeu. Lembro de acordar no hospital e ver minha mãe, só via os lábios dela mexendo, me sentia tonto e não entendia nada do que se passava ao meu redor. Depois disso, lembro de querer muito voltar para casa, só pensava em voltar a brincar.

De volta para casa, percebi que tinha entrado no mundo do silêncio apenas quando tentei ouvir o que estava passando na tv: aumentei o volume no máximo, mas nenhum som saia de lá, minha mãe gesticulava para eu baixar o volume, eu coloquei a mão na caixa da TV (naquela época as tv eram grandes e tinham caixas atrás) e sentir a vibração. Me lembro que isso virou algo na minha rotina enquanto criança, todo dia eu colocava as mãos na TV para sentir a vibração dos sons.

Eu tenho resquício da memória auditiva de muitas palavras, pois eu já era falante na época em que perdi a audição, por isso, ainda consigo oralizar algumas dessas palavras. Ainda tenho muito forte a memória auditiva do som das vozes da minha mãe, pai, irmãos e tios, as vezes tenho curiosidade de saber como é a voz dos meus sobrinhos e do meu filho. O que tenho, no entanto, é a recordação dessas poucas vozes na memória, mas tenho também, um mundo de memorias em imagens e sinais que me constituíram e ainda me constituem enquanto sujeito.

Meus tempos de educação escolar

Meu período inicial de contato com a escola antes da surdez, aconteceu normalmente, e, não havia essa questão de preocupação com a inclusão, pois eu ainda não havia adquirido a surdez. Quando contraí meningite e me tornei surdo, infelizmente, tive que ficar em casa, pois, nem eu e nem minha mãe conheciam escolas que fossem especializadas em trabalhar na educação de surdos.

Neste período que fiquei em casa foram mais ou menos dois anos. Nessa época, passei a acompanhar minha mãe ao trabalho dela em um restaurante que vendia diversos tipos de alimentos. Ao lado desse restaurante havia um mercado pequeno. Minha mãe em contato com a dona desse mercado, teve notícia de uma possível escola que eu poderia estudar.

Essa mulher, o nome dela era Maria, certo dia chegou no restaurante e, em uma tonalidade de voz alta começou a me chamar, acabando por estranhar a situação, pois eu não esboçava nenhuma reação e continuava a brincar com meus brinquedos. Quando minha mãe percebeu que Maria estava à um tempinho já, me chamando e eu não respondia, pediu desculpa e explicou a ela que eu era surdo.

Esse momento foi um dos momentos maravilhosos, pois a Maria trouxe uma "esperança" para minha mãe dizendo a ela que não se preocupasse, pois ela também tinha uma filha surda, fato esse, que deixou minha mãe feliz, alegre e cheia de indagações acerca de alguma escola especializada no trabalho com surdos, pois ela procurava e nunca encontrava, e, como eu estava já, há um longo período sem ir para a escola, essa demanda acabou tornando-se urgente.

Naquela conversa, Maria respondeu que existia uma escola que trabalhava com as questões de inclusão e com surdos, era o Centro Educacional Luterano Cristo (CELUC). Essa escola era uma escola cristã que tinha em sua base, a inclusão de surdos no processo de ensino e aprendizagem.

Era uma escola que somente inseria os surdos no sistema, posto que lá, existisse um grupo de surdos e um grupo de ouvintes. É importante destacar que, naquela época, não havia a promulgação da Lei 10.436, de 24 de abril de 2002, e o que prevalecia naquele período, ainda era o oralismo. Comecei meus estudos nessa escola, mas realmente não me sentia bem e não conseguia desenvolver as peculiaridades da minha língua.

Na CELUC, o que acontecia com mais frequência era a oralização, o que dificultava meu desenvolvimento naquela escola. Neste período, tive que passar por uma mudança de residência e acabei conhecendo outra Maria, essa, Maria Gomes era surda e sabia mais sobre a Língua de Sinais Brasileira, e ela começou a me ensinar alguns sinais.

Confesso que, em alguns daqueles primeiros momentos, os sinais saiam meio que falhos, realmente "engatinhando na língua", mas a Maria sempre esteve ali, paciente, tentando de todas as formas que eu incorporasse aquela língua ao meu cotidiano.

Logo após terminar meus estudos na CELUC, comecei a estudar numa escola que se chamava Escola Estadual de Ensino Especial Professor Abnael Machado De Lima (CENE). Ao entrar nessa, já sabia o básico da Libras, conhecia meu sinal e alguns outros sinais, pois estava aprendendo realmente as questões da sinalização. Com 6 anos de idade comecei meus estudos na CELUC, onde permaneci até meus 9 anos de idade, quando comecei meus estudos no CENE. A minha experiência no CENE foi marcante, pois eu estava num ambiente que era majoritariamente de surdos e surdas. Era maravilhoso, pois o uso da Libras era constante.

No CENE, havia uma professora ouvinte que se chamava Aldelina Rabelo, e, ela começou a me ensinar as questões acerca dos sinais e das muitas variantes desses que existiam. Por conta disso, fui me desenvolvendo em contato com essa professora, e, com os outros colegas surdos que lá estudavam comigo e com Maria Gomes. Quando chegava em casa, mantinha contato ainda, com outros surdos que ia conhecendo.

Esse movimento de entender minha língua e o uso dela, me possibilitou a fluência na Libras com a idade de 12 anos, idade na qual, realmente conseguia me comunicar com outros surdos de diferentes idades e contextos, o que, me permitiu formular minha identidade, à princípio, desconfigurada, pois antes, eu acreditava ter uma identidade ouvinte onde o uso da oralização era constante, mas, essa, com o tempo, havia se tornado um verdadeiro sofrimento.

Entretanto a oralização era uma constante, frequentava fonoaudiólogos para aperfeiçoar essas questões de uso da fala, chegando a utilizar aparelhos auditivos que, infelizmente não me serviram, pois apenas reproduziam barulhos e não sons identificáveis, então, não via a necessidade de usá-los, o que me causava um certo desconforto e frustração, ao ponto de quebrá-los e guardá-los, focando na sinalização por meio do uso da LIBRAS em contato com a comunidade surda desde então.

No CENE, estudei o ensino fundamental inteiro até o quinto ano, depois, concluí o ensino fundamental II na Escola Barão do Solimões. Nessa última escola é que, realmente voltou o sofrimento, pois eu era o único aluno surdo - a maioria dos alunos faziam bullying, tirava chacota por conta da minha surdez e chegavam ao ponto de, em alguns momentos, me atirar bolinhas de papel, etc.

Os intérpretes daquela escola não tinham tanta habilidade na sinalização e os professores não estavam focados ou, sequer preocupados em possibilitar uma comunicação nítida que permitisse meu desenvolvimento naquela escola.

Minha mãe, percebendo o retorno ao sofrimento por causa da oralização e dessas situações, foi até a Secretaria de Educação (SEDUC/RO), conversar com o Secretário e reclamar acerca de toda essa falta de cuidado e de profissionais que conseguissem tornar a aprendizagem e o ensino aceitáveis, possibilitando assim, meu desenvolvimento naquela escola, na época, um adolescente com 13 anos de idade. A partir daí, necessariamente passei a ter um pouco mais de paciência, pois realmente as estratégias de ensino à época, eram bem desvalorizadas e reduzidas.

Passado esse período, quando consegui concluir meus estudos no sexto ano, mudei de escola e passei a estudar na Escola 21 de Abril. No 21 de Abril me senti realizado, pois havia uma sala na qual estudavam apenas alunos surdos, com profissionais capacitados para trabalhar metodologias diferenciadas e com o uso da Língua de Sinais Brasileira, essas salas de aula eram chamadas de Salas Bilíngues, tínhamos professores que ministravam as aulas em Libras.

Os que não sabiam Libras, ministravam suas aulas com a presença de profissionais intérpretes. Em alguns casos, havia professores que conheciam pouco acerca dos sinais, mas conseguíamos nos reinventar por conta de estarmos em um ambiente bilíngue.

Assim, estudei na Escola Estadual de Ensino Fundamental 21 de Abril por, mais ou menos 2 anos, quando então, precisei mudar de escola novamente, pois agora iria começar o Ensino Médio. A nova escola onde iria estudar chamava-se Escola Estadual de Ensino Médio Major Guapindaia.

Estudei nessa escola junto com outros surdos, até que conseguimos concluir nosso Ensino Médio. É importante registrar que, naquele momento, a Escola estava preparada para nos receber, pois possuía em seu corpo docente profissionais intérpretes de sinais, professores bilíngues e professores surdos(as), o que me fazia sentir bastante feliz e motivado em estar ali!

O ENSINO SUPERIOR: DESAFIOS, VITÓRIAS E DIFICULDADES

Após finalizar o ensino médio, fiquei sem estudar por aproximadamente quatro anos, período no qual, me dediquei a trabalhar. Trabalhei na área administrativa da empresa Unimed. Lá era um ambiente totalmente ouvinte, tive muitas vezes que oralizar, fazer leitura labial ou, usar a forma escrita para me comunicar. Com muita paciência de minha parte e da parte de meus colegas também, cheguei a ensinar muitos sinais para os colegas mais próximos, o que também ajudou na comunicação.

Posteriormente, iniciei meus estudos no ensino superior na Universidade Paulista (UNIP), em 2014, cursando Pedagogia juntamente com mais sete alunos surdos que estavam ali, de certa forma incluídos, mas, acabamos sendo um reduzido grupo de surdos face aos demais, que eram o grupo de ouvintes.

Lá tivemos vários intérpretes que mudavam constantemente devido a problemas, sendo um deles, a falta de fluência e experiência daqueles profissionais. Tivemos inclusive, pessoas que sabiam o básico e se arriscaram na interpretação, na tentativa de ajudar nosso grupo de surdos.

Ficávamos sem intérprete nas aulas, enquanto essas, aconteciam normalmente para os outros alunos, mas nunca tivemos reposição dessas aulas. Quando chegava um Tradutor Intérprete de Língua de Sinais e Português (TILSP), (já estávamos acostumados com esse tipo de situação, e isso se repetiu no fundamental e no ensino médio) a comunicação só era efetiva com a presença de intérprete, mesmo que esse não fosse fluente.

Assim, estávamos acostumados a ter paciência, e tentávamos a todo custo fazer uma faculdade, para também, ter um diploma de ensino superior e mostrar que nós surdos, poderíamos ser professores formados. Dessa forma, consegui concluir a primeira graduação no ensino superior em três anos de estudo, me formando em Pedagogia, o que, para mim, foi mais que um alívio, foi também uma conquista!

Em 2017 entrei no curso de Letras Libras da Unir, curso sonhado por grande parte dos surdos que de alguma forma já ensinavam Libras, mesmo já tendo uma graduação, eu fui em busca de mais esse sonho: estudar minha língua na universidade federal. Enquanto eu estudava na graduação, acompanhava meus professores surdos na jornada de fazer o mestrado, fui à defesa da primeira surda Indira Simionatto Stédile, mulher surda rondoniense e professora universitária.

Fiquei emocionado com aquela conquista para nossa comunidade e despertou em mim, o interesse nessa possibilidade de fazer mestrado e ajudar minha comunidade. Os dois primeiros Surdos Mestres da Unir, a Indira Simionatto (RO) e o Amarildo Espindola (DF), foram o exemplo para os Surdos do Estado de Rondônia, eu vi, e queria fazer como eles.

Então, comecei a estudar, li todos os livros recomendados, e, na maioria das vezes não conseguia compreender certos conceitos. Então, procurei ajuda com professores bilíngues, como o professor Amauri Moret e a professora Ariana Boaventura, que me esclareciam em Libras, os conceitos.

Por ocasião de ingressar no Mestrado alguns anos depois dessa primeira formação, mas ainda, com muita dificuldade em função do português, acabei descobrindo elementos importantes que me ajudaram a despertar o interesse pelos artefatos da minha identidade cultural, refletindo que, se o conhecimento desses, chegasse aos surdos da maneira como compreendemos o mundo culturalmente ainda na infância, não teria, como surdo, qualquer dificuldade na aprendizagem, pois, comumente não há dificuldade na compreensão e absorção do conhecimento, desde que esse, nos seja apresentado com base em nossa cultura e identidade.

Tive tradutores intérpretes, mas os tradutores intérpretes tinham dificuldades para sinalizar as palavras/conceitos usados nas disciplinas do mestrado. Recebemos muitos conhecimentos resumidos e descontextualizados, muitas vezes os tradutores intérpretes conseguiam sinalizar apenas soletrando em língua portuguesa.

Para a melhor compreensão dos conteúdos, eu lia durante a semana, fazia anotações de todas as dúvidas, e, perguntava à colega de turma, a acadêmica Luciana Monteiro, algumas vezes ao Professor bilíngue Amauri Moret, ou ia para casa da Professora bilíngue Ariana Boaventura ou do Intérprete William Sestito, eles me explicavam e começava a clarear na minha mente.

Tive muitas dificuldades, mesmo com a presença de intérpretes, alguns desses, ainda não tinham experiência de interpretação no mestrado, muitas vezes interpretavam sem ter tido contato anterior com o material do professor, acabando por fazer interpretação simultânea de conceitos profundos e pesados também para eles, como falei, às vezes usavam sinal soletrado por não conhecer o sinal ou o conceito da palavra, tendo também alguns momentos, em que, combinamos sinais para usarmos na aula.

A presença ou o trabalho do intérprete, ficou restrita somente à interpretação em sala de aula, e, com isso, tive que me deparar sozinho com textos teóricos, e, por tudo que tivemos que passar em nossa base na formação educacional, as lacunas, as falhas em nossa formação, me deparar sozinho com textos acadêmicos em língua portuguesa, foi, e ainda é, um grande desafio, não é uma questão de vitimismo de nossa parte, é uma questão real que passamos ao longo de nossa vida escolar (sem professores bilíngue, sem intérpretes qualificados, sem o ensino de Libras na escola e outros).

Na realidade nós, surdos, somos vítimas de um sistema educacional projetado para uma sociedade ouvinte, que tenta fazer a inclusão dos surdos em um ambiente da cultura e língua ouvinte, que, no Brasil, é a língua portuguesa. Essa é uma situação desumana e demonstra falta de sensibilidade, falta de empatia dos gestores do sistema educacional para as diferenças culturais dos sujeitos surdos. Por isso, eu acredito que seria de extrema importância o acompanhamento de tradutores intérpretes, para compreensão de textos teóricos pelos surdos no mestrado.

Temos como exemplo, o programa da UFSC onde os alunos surdos têm acesso à tradução em Libras do material estudado durante o mestrado, havendo intérpretes de nível superior exclusivamente para mestrado e doutorado. Lá, o aluno surdo tem até a opção de fazer sua dissertação em Libras, e o intérprete, faz a transcrição para o português. Tenho o sonho de que, um dia, a UNIR vai crescer muito e, no futuro, teremos um sistema parecido.

Dentre as disciplinas que cursei, todas foram importantes para minha formação, mas gostei muito, em especial, de duas: sociolinguística e epistemologia. A Sociolinguística foi ministrada pela professora Odete Burgeille. Nas aulas dessa professora, sempre tinha a preocupação se havia intérprete (se não tivesse intérprete ela não dava aula, se mostrou empática), se eu estava entendo as aulas ou não.

Ela contextualizava o conteúdo com as situações que o povo surdo vive cotidianamente, tais como: preconceito linguístico, variações linguísticas e os conflitos existentes quando duas línguas diferentes se relacionam. Às vezes ela utilizava minha história de vida para falar a partir desse conhecimento.

Fazia isso também, com meu colega Indígena, Orowao Kanoe, que infelizmente, morreu de covid-19, partindo da nossa própria história de vida. Posteriormente compreendi as minhas diferenças de cultura e identidade com relação aos meus familiares, professores e amigos ouvintes. Hoje sei que isso é um conhecimento "empírico", então, eu me reconheci nos textos discutidos. A palavra empírica eu já tinha visto antes, mas não entendia o significado.

Os estudos acadêmicos levaram a compreender que o conhecimento empírico se dá através da observação e análise de situações e objetos. É um conhecimento adquirido no decorrer da vida, e, o que mais aprendi com a vida, foram questões relacionadas à conflitos entre línguas diferentes em contato, e sobre a força de uma língua sobre outra num determinado espaço social.

A outra disciplina ministrada pelo Professor João Carlos Gomes, foi a disciplina com métodos e materiais adequados para minha cultura e identidade. Em todos os slides utilizados, percebi uma melhor acessibilidade linguística visual, artes, cultura indígena e amazônica. Me senti muito valorizado e acolhido nessa disciplina, especialmente, porque todos os slides têm textos seguidos de imagens contextualizando.

A paciência e a tranquilidade na forma de explicar do professor auxiliada por um melhor entendimento dos intérpretes, me fez sentir mais tranquilidade na interpretação. As palavras em língua portuguesa nem sempre são claras para os surdos. Nós precisamos entender o contexto histórico e linguístico para compreensão dos textos em língua portuguesa.

O mestrado acadêmico em letras me ofereceu conhecimento de conceitos importantes que havia vivido na realidade, mas ainda não tinha pensado sobre isso numa perspectiva acadêmica. O conceito de hibridismo, por exemplo, despertou a minha compreensão sobre o sentimento que construí com minha família e amigos ouvintes no sentido de gostar de adaptar artefatos do mundo ouvinte para pensar e viver na cultura e identidade surda. Conhecer esses conceitos foi importante para o reconhecimento da cultura e diversidade da minha formação.

AS LÍNGUAS DE SINAIS EM CONTEXTO AMAZÔNICO

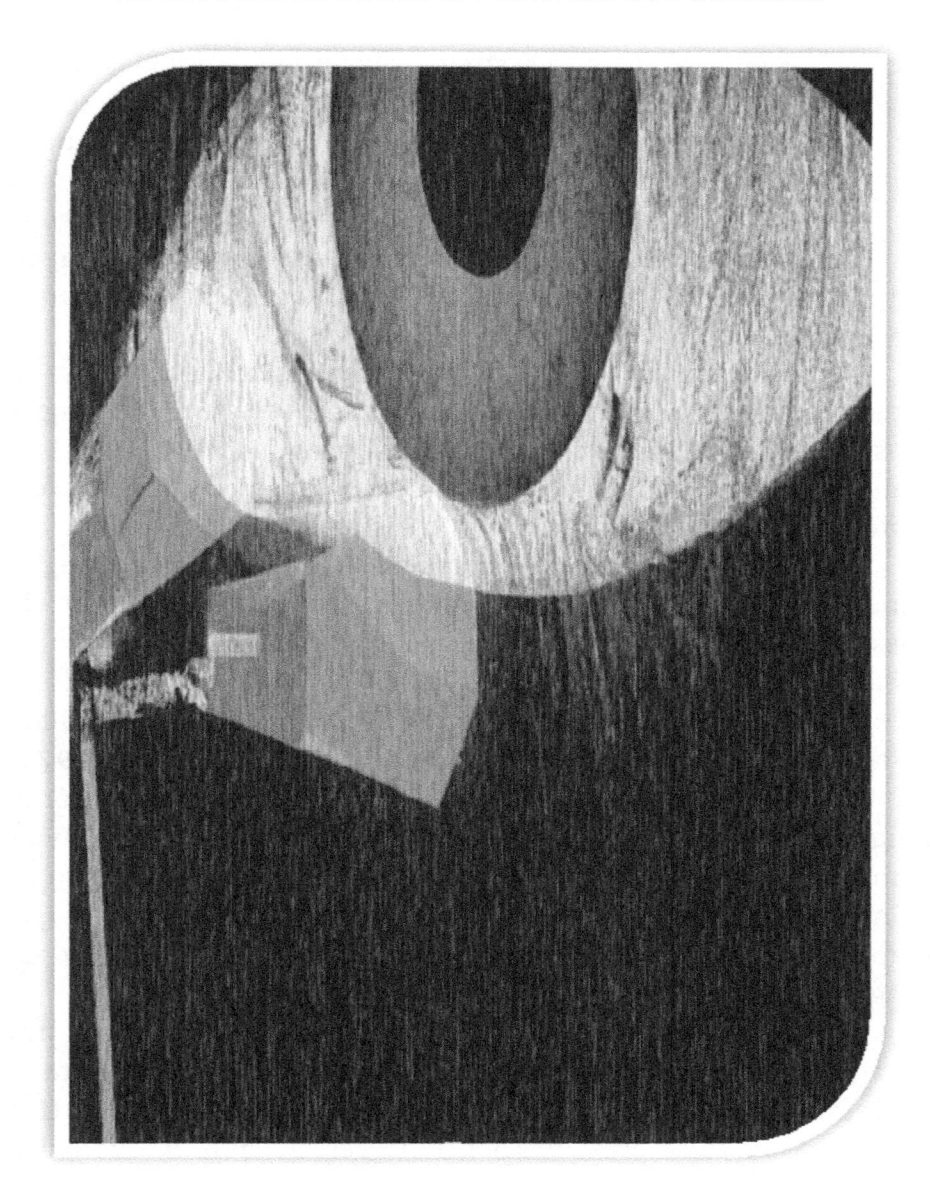

AS LÍNGUAS DE SINAIS COMO LÍNGUA NATURAL

As línguas de sinais são línguas faladas pelas comunidades surdas dispersas no planeta, de modo que, cada país possui a própria língua de sinais, como a língua de sinais americana (ASL), a língua de sinais francesa, a Libras - Língua de Sinais Brasileira. Essas línguas vêm desde 1960 (ano do seu reconhecimento como uma língua natural dos surdos) ganhando cada vez mais espaço nos estudos acadêmicos.

Nesse sentido, nós surdos de Rondônia adentramos no espaço acadêmico validando não apenas o estatuto da língua de sinais, como também, dos pesquisadores surdos, que podem contribuir para o fortalecimento dos estudos linguísticos, históricos e culturais sobre a cultura e identidade dos surdos.

O desenvolvimento da linguagem em crianças surdas, segue o mesmo processo de aquisição de uma criança ouvinte. Assim, ela passa pelas etapas de construção da linguagem, desde o balbucio até a explosão do vocabulário.

Para as crianças surdas, essa aquisição é toda concebida pela visão, pois os inputs considerados por Chomsky (1971) são recebidos, captados pelos olhos e armazenados na memória, para que ela possa agir sobre essas informações e se comunicar com o meio. A aquisição de linguagem, leva em consideração os primeiros estágios de desenvolvimento das crianças surdas, cujas etapas, são fundamentais para compreensão e aprendizagem da Língua de Sinais Brasileira (Libras).

Para tanto, o estudo aqui desenvolvido, traçou um parâmetro balizador de como se constitui cognitivamente o processo de aquisição da linguagem em uma perspectiva surda, apoiando-se principalmente no gerativismo de Chomsky. O recorte pesquisado constitui-se de textos entre artigos dissertações e teses. Todos os textos possuem como ligação, a temática da aquisição da linguagem por crianças surdas, que estão em uma faixa etária compreendida de 3 a 11 anos de idade.

A aprendizagem de qualquer língua está relacionada intrinsecamente com a aquisição da linguagem, ao passo que, sem atingir essa aquisição o sujeito surdo não conseguirá despertar para aprendizagem da Libras, sua língua natural. É nesse pensamento que a aquisição em uma perspectiva visual, ganha espaço no desenvolvimento cognitivo do surdo. Considerando o pensamento elencado, afirma-se que a aquisição da linguagem visualmente, constrói bases cognitivas necessárias para a aprendizagem consistente da Libras. Portanto, não se pode pensar na privação do surdo na aquisição da linguagem visualmente, até porque ele não conseguirá reter uma aquisição sonora.

A sociedade é formada por diversas pessoas com diferentes crenças, culturas e valores, portanto, devemos compreender e respeitar a língua natural das pessoas surdas, no caso, a Libras (Língua de Sinais Brasileira+). Do ponto de vista clínico, a surdez se caracteriza pela diminuição da acuidade e percepção auditivas que dificultam a aquisição da linguagem oral de forma natural. A existência da Cultura Surda, partiu da iniciativa de pessoas surdas que se identificam como tal.

A identificação dos surdos situa-se culturalmente dentro das experiências visuais. A língua de sinais é visual-espacial captando as experiências visuais das pessoas surdas. A mesma, apresenta uma sintaxe espacial incluindo os chamados classificadores, e, utiliza as referências anafóricas através de pontos estabelecidos no espaço. Pesquisa sobre as línguas de sinais vêm comprovando que estas línguas são comparáveis em complexidades e expressividade a qualquer língua oral.

O SURDO E O BILINGUISMO

A proposta bilíngue no Brasil, tem se tornado um fator de integração da Cultura Surda, porque as crianças, jovens e adultos se comunicam em Libras, e muitos professores destas escolas, já sabem, ou estão aprendendo essa língua com instrutores surdos. Por outro lado, várias escolas, em cidades ou estados, desenvolvem um diálogo entre elas para uma comunicação mínima, mas, essas ficam totalmente excluídas da Cultura Surda, e, a maioria, não tem um bom rendimento escolar.

Devido à metodologia oralista, há alguns surdos que rejeitam a Cultura Surda, e, consequentemente a Libras, utilizando apenas a língua portuguesa. Há muitos surdos que, embora queiram se comunicar com outros surdos em Libras devido ao fato de terem se integrado à Cultura Surda tardiamente, usam não a Libras, mas um bimodalismo, ou seja, sinalizam e falam simultaneamente.

Pelo não domínio da Libras, muitos surdos, quando estão em certa situação (eventos acadêmicos, políticos, jurídicos, entre outros) que exigiria intérpretes de Libras para melhor compreensão, não conseguem entender nem a língua portuguesa nem a Libras, ficando marginalizados, sem poder ter uma participação efetiva.

A aquisição da linguagem é fundamental para a aprendizagem da língua natural, bem como, a afirmação do convívio do sujeito em uma sociedade. A língua está diretamente associada a um povo, uma identidade e uma cultura. O primeiro contato da criança surda com a linguagem, acontece no ambiente familiar, e, se esse ambiente for de pais surdos, a criança conseguirá fazer suas primeiras combinações de sinais. No entanto, se esse ambiente for de pais ouvintes, somente na escola que ela emergirá para aquisição da linguagem, considerando neste sentido, um ensino visual.

Segundo a teoria inatista, defendida por Noam Chomsky

(1971), toda criança nasce preparada para receber uma linguagem, uma língua, e então, comunicar-se, sendo assim, nas palavras de Stokoe (1960) "a línguas dependem do cérebro para se desenvolverem e não do ouvido humano", nessa dinâmica, a aquisição da linguagem por crianças surdas se dá de forma natural pela visão.

Conforme Quadros (1996) as crianças surdas com menos de 1 ano, assim como as crianças ouvintes, apontam frequentemente para indicar objetos e pessoas. Mas, quando a criança entra no estágio de um sinal, o uso da apontação desaparece. Petitto (1987) sugere que, nesse período, parece ocorrer uma reorganização básica na qual a criança muda o conceito da apontação inicialmente gestual (pré-linguística), para visualizá-la como elemento do sistema gramatical da língua de sinais (linguístico).

Assim, os estágios das primeiras combinações de sinais, surgem por volta dos 2 anos das crianças surdas. Fischer (1973) e Hoffmeister (1978) observaram que a ordem usada pelas crianças surdas durante esse estágio é: Sujeito e Verbo, Verbo e Objeto ou, ainda, num período subsequente, Sujeito Verbo Objeto. Meier (1980) verificou que a ordem das palavras é utilizada para o estabelecimento das relações gramaticais.

Por outro lado, as crianças adquirem a linguagem na interação com as pessoas à sua volta, ouvindo ou vendo a língua, ou, as línguas que estão sendo usadas. Qualquer criança adquire linguagem quando dispõe das oportunidades naturais de aquisição. No caso das crianças surdas, filhas de pais surdos, esse processo acontece naturalmente na língua de sinais. Desse modo, as crianças filhas de pais ouvintes necessitam contato direto com a Língua de Sinais na escola, para desenvolverem o processo de aquisição da linguagem.

Segundo o pensamento de Freitas (2007), baseando-se na teoria behaviorista de Skinner, a aquisição da linguagem acontecia exclusivamente pelo contato do sujeito com a sociedade, assim, ele desenvolvia uma língua porque ouvia os signos pronunciados pelos seus pares linguísticos e, assim, poderia copiá-los. Neste processo de construção da língua, pela visão do autor, fazia-se necessário o reforço para que a língua tomasse forma.

Em uma abordagem preconizada por Freitas (2007), é inato à criança, a aquisição da linguagem, ou seja, mesmo que ela não fosse exposta diretamente a um idioma, seu sistema cerebral garantiria a aquisição e o desenvolvimento de uma linguagem.

Nesse sentido, a imersão no ambiente linguístico, faria com que ela abarcasse suas próprias hipóteses. Para o autor, é na, e, pela linguagem, que a criança se completa - pela interação com o outro, a criança não surge para o mundo dotada de conhecimento, ela o absorve no dialogismo como o outro, portanto, se constitui enquanto sujeito no mundo.

De acordo com a linha de pesquisa de Freitas (2007), o conhecimento não é um objeto levado a criança, desse modo, ela não é um sujeito passivo que espera ser povoada pelo saber, bem como, o conhecimento dela não se constrói passivamente, pelo contrário, a criança participa ativamente no seu desenvolvimento cognitivo e social.

Corroborando com essa discussão trazemos Freitas (2007, p.52), afirmando que "[...] há muito a pesquisar sobre a aquisição e o desenvolvimento da fala", uma vez que as pesquisas sobre esta área do cérebro são incipientes, não conseguem desnudar toda complexidade da aquisição e desenvolvimento da linguagem.

> Dentre os temas abordados em pesquisas, podem-se citar os estudos pré-lingüísticos, que investigam o balbucio de crianças com desenvolvimento normal e de crianças surdas, a percepção e a produção do bebê, e a interação entre os pais e o bebê. (FREITAS, 2007, p.52).

Conforme Freitas (2007), através de evidências resultantes de pesquisas em bebês, esses são acompanhados com foco no processo de aquisição da linguagem. Uma curiosidade destacada pela autora, reside no fato da criança surda apresentar os mesmos desenvolvimentos na etapa do balbucio que as crianças não surdas. A autora pontua ainda, a interação dos pais com a criança, posto seja extremamente importante esse contato para o desenvolvimento e a aquisição da linguagem.

LÍNGUA, LINGUAGEM E SURDOS: UM PROCESSO DE AQUISIÇÃO

De acordo com as investigações linguísticas, os estudos das línguas de sinais apresentam evidências de que, as línguas de sinais observam as mesmas restrições que se aplicam às línguas faladas (Stokoe et alli, 1976; Bellugi & Klima,1972; Siple, 1978). Quase em paralelo a esses estudos, iniciaram-se as pesquisas sobre o processo de aquisição da linguagem em crianças surdas, filhas de pais surdos (Hoffmeister, 1978; Meier, 1980; Loew, 1984; Lillo-Martin, 1986; Petitto,1987; Slobin, 1986).

No Brasil, a Língua de Sinais Brasileira começou a ser investigada nas décadas de 80 e 90 (Ferreira-Brito, 1986; Felipe, 1992, 1993; Quadros, 1995, 1999), e, a aquisição da Língua de Sinais Brasileira, nos anos 90 (Karnopp, 1994; Quadros, 1995, 1997).

Segundo Quadros e Cruz (2011, p. 25), a grande maioria das crianças surdas são filhos de pais ouvintes que normalmente não conhecem a língua de sinais, e, muitas vezes nunca viram um surdo. Esse fator, interfere diretamente no processo de aquisição da linguagem dessas crianças, uma vez que, até os pais tomarem conhecimento da língua de sinais e admitirem o seu uso, as crianças ficam praticamente sem input linguístico. Essas crianças, quando ingressam na clínica ou na escola, descobrem a língua de sinais, e, a partir daí, iniciam o seu processo de aquisição, embora tardio.

Esse atraso na aquisição da Libras, traz consequência para o aprendizado da língua portuguesa. Considerando que, de modo geral, as crianças surdas filhas de pais ouvintes, chegam à escola sem uma língua, cabe aos profissionais lhes propiciar a aquisição da Língua de Sinais Brasileira, o que vai se dar na interação com surdos adultos, fluentes na língua.

A Língua de Sinais Brasileira é uma língua visual-espacial, com gramática própria, que preenche as mesmas funções que a Língua Portuguesa falada para os ouvintes. Deve ser, portanto, adquirida na interação com usuários fluentes da mesma, os quais, envolvendo as crianças surdas em práticas discursivas e interpretando os enunciados produzidos por elas, insiram-nas no funcionamento dessa língua. Ela vai ter papel fundamental no aprendizado da Língua Portuguesa, uma vez que possibilitará, entre outras coisas, conhecimento de mundo e de língua com base nos quais os alunos surdos poderão atribuir sentido ao que leem e escrevem (PEREIRA, 2008 p. 10).

Reconhecendo a importância de que, a Libras é a base para o aprendizado da Língua Portuguesa como segunda língua, e, levando em consideração que a maioria das crianças surdas vêm de famílias ouvintes, cabe à escola propiciar condições para que seus alunos surdos a adquiram, preferencialmente na interação com adultos surdos, sinalizadores, com os quais poderão aprender não só os sinais, mas o uso de todos os recursos que as Línguas de Sinais oferecem.

As autoras Lacerda e Lodi (2012, p.169) questionam como pensar nas possibilidades de desenvolvimento de relações entre Libras e Língua Portuguesa? Elas explicam que temos de entender que, as duas línguas em jogo nesse processo (Libras e Língua Portuguesa) diferenciam-se quanto à estrutura e ao modo de funcionamento, pois:

> Apropriar-se da linguagem escrita, é exigir da criança (surda ou ouvinte) um alto grau de abstração com relação ao mundo e aos objetos. Na criança surda esse nível de abstração só será alcançado no decorrer do desenvolvimento da Libras. Assim a escrita é entendida como uma linguagem do pensamento, das ideias, e estabelece desse modo, uma relação com a linguagem interior construída no processo de apropriação da primeira língua (ou da linguagem oral no caso de crianças ouvintes (LACERDA e LODI, 2012, p.169).

Para Vygotsky apud Lacerda e Lodi (2012), se o desenvolvimento da linguagem exterior precede a interior, a linguagem escrita aparece depois da anterior e pressupõe sua existência. Sendo assim, no caso das crianças surdas, cuja aprendizagem pressupõe aprender outra língua (Libras), é imprescindível propiciar a elas o estabelecimento de um diálogo com sua primeira língua.

Este processo, conforme discutiu Vygotsky apud Lacerda e Lodi (2012), deve ser continuamente cuidado, pois aprender uma língua estrangeira depende de certo grau de maturidade na primeira língua, na medida em que o aprendizado de uma segunda língua se constitui em um processo singular, tendo como ponto de partida, os repertórios semânticos da primeira construídos ao longo do desenvolvimento.

Geralmente as pesquisas envolvem a análise da produção dos inputs de crianças surdas, filhas de pais surdos. Somente esse grupo de crianças surdas apresenta o input linguístico adequado e garantido para possíveis análises do processo de aquisição. Entretanto, ressalta-se que essas crianças representam apenas de 5% a 10% das crianças surdas. No Brasil, tais estudos envolvem crianças surdas filhas de pais surdos que usam a Língua de Sinais Brasileira - Libras.

Com referência ao Período Pré-Linguístico, Petitto & Marantette (1991) realizaram um estudo sobre o balbucio em bebês surdos e bebês ouvintes no mesmo período de desenvolvimento (desde o nascimento até por volta dos 14 meses de idade). Elas verificaram que o balbucio é um fenômeno que ocorre em todos os bebês surdos, assim como, ouvintes, enquanto fruto da capacidade inata para a linguagem. As autoras constataram que, essa capacidade inata é manifestada não só através de sons, mas também, através de sinais. Nos dados analisados por Petitto & Marantette, foram observadas todas as produções orais para detectar a organização sistemática desse período.

Também foram observadas todas as produções manuais,

tanto dos bebês surdos como dos bebês ouvintes, para verificar a existência ou não, de alguma organização sistemática. Nos bebês surdos, foram detectadas duas formas de balbucio manual: o balbucio silábico e a gesticulação. O balbucio silábico apresenta combinações que fazem parte do sistema fonético das línguas de sinais. Ao contrário, a gesticulação não apresenta organização interna.

Os dados apresentam um desenvolvimento paralelo do balbucio oral e do balbucio manual. Os bebês surdos e os bebês ouvintes apresentam os dois tipos de balbucio até um determinado estágio, e desenvolvem o balbucio da sua modalidade. Nesse sentido, os estudos afirmavam que as crianças surdas balbuciavam (oralmente) até um determinado período.

As vocalizações são interrompidas nos bebês surdos, assim como as produções manuais são interrompidas nos bebês ouvintes, pois o input favorece o desenvolvimento de um dos modos de balbuciar. As semelhanças encontradas na sistematização das duas formas de balbuciar sugerem haver no ser humano uma capacidade linguística que sustenta a aquisição da linguagem, independente da modalidade da língua: oral-auditiva ou espaço-visual.

Conforme Quadros (1996), as crianças surdas com menos de 1 ano, assim como, as crianças ouvintes, apontam frequentemente para indicar objetos e pessoas. Mas, quando a criança entra no estágio de um sinal, o uso da apontação desaparece. Petitto (1987) sugere que, nesse período, parece ocorrer uma reorganização básica em que a criança muda o conceito da apontação inicialmente gestual (pré-linguística), para visualizá-la como elemento do sistema gramatical da língua de sinais (linguístico).

Assim, os estágios das primeiras combinações de sinais, surgem por volta dos 2 anos das crianças surdas. Fischer (1973) e Hoffmeister (1978) observaram que, a ordem usada pelas crianças surdas durante esse estágio é SV (Sujeito-Verbo), VO (Verbo-Objeto) ou, ainda, num período subsequente, SVO (Sujeito-Verbo-Objeto). Meier (1980) verificou que a ordem das palavras é utilizada para o estabelecimento das relações gramaticais.

Todas as pesquisas desenvolvidas nos últimos anos sobre a aquisição das línguas de sinais, evidenciam que essa, pode ser comparada à aquisição das línguas orais em muitos sentidos. De acordo com as teorias analisadas, não há possibilidades de aprender uma língua sem ter uma linguagem. E, é neste posicionamento que o estudo acima caminhou, uma vez que, as crianças surdas devem desenvolver consistentemente uma linguagem, para que possam aprender tanto a Libras, como a língua Portuguesa.

A pesquisa mostrou também que, a aquisição deve partir sempre de uma prática visual, pois, o esforço auditivo e a insistência na oralização do surdo deve ser evitado nesta etapa de desenvolvimento da linguagem. Notou-se que é importante o conhecimento da Libras por parte dos professores, a fim de que, o docente possa conduzir o seu ensino.

Dessa forma, o docente necessita desse conhecimento para que possa transmitir o aprendizado ao aluno surdo, sempre utilizando de metodologias e estratégias com materiais adaptados e de maneira visual. Observa-se através dos textos, que os recursos visuais se destacam em sala de aula, e a diversidade humana é considerada.

A inclusão dos surdos na sociedade, representa grandes oportunidades para o crescimento pessoal, acadêmico e profissional das pessoas, e, essa inclusão para os surdos, começa na educação, meio no qual, facilmente já se identifica o protagonismo surdo representado por estudantes independentes com grande autonomia, lutando por seus direitos e convicções, exercendo a cidadania em sua forma mais plena.

Na educação infantil, a estimulação linguística ocorre a partir da detecção da surdez. A escola também é responsável pelo Atendimento Educacional Especializado (AEE), em que se trabalha o reforço com materiais adaptados para auxiliar no processo de desenvolvimento cognitivo das crianças surdas. Os professores devem trabalhar com metodologias extremamente visuais no processo de aquisição de linguagem, com aulas expositivas, utilizando imagens, vídeos e recortes, entre outras.

A DESCOLONIZAÇÃO DAS LÍNGUAS DE SINAIS

Face à política governamental nacional que se diz inclusiva, na teoria, e minha própria experiência nesse sistema, podemos refletir que essa, tem se apresentado mais como uma política de inclusão somente física dos sujeitos surdos nos espaços educacionais ouvintes, ao mesmo tempo em que, nós, sujeitos surdos, vivenciamos uma exclusão linguística de fato, haja vista, a enorme lacuna logística e humana para que tal política seja efetivada na prática, posto que, tal política de Estado que estabeleceu os marcos legais da língua de sinais, é a mesma que, em nome de certa unicidade totalizante, não prepara o sistema educacional para integrar de fato, tais alunos surdos à comunidade estudantil.

Dessa forma, como grupo etnicamente diferenciado, é negada a essa comunidade certa representatividade nas instâncias decisórias relativas à educação, posto não haver consulta aos representantes desses, quanto à implementação de políticas que os afetam em suas peculiaridades étnicas.

Tais questões na prática, aparecem pois, como lacuna, de outra forma podemos dizer até, como verdadeiro fosso que mantém sistematicamente, a separação dos falantes através da barreira linguística, fazendo com que, os estudantes surdos continuem alienados da construção do conhecimento, bem como, de uma formação de qualidade em função da carência de professores bilíngues, professores surdos e intérpretes qualificados em todas as instâncias educacionais, mantendo assim, uma suposta inclusão de fachada.

O associativismo nesse contexto, tem sido um estímulo para inserir essa perspectiva inclusiva na luta dos surdos em âmbito nacional. Com o surgimento de um movimento nacional apoiado pelo INES[1], a FENEIS[2] e demais associações estaduais e municipais, conseguiu-se a aprovação de leis e decretos que, em diversas instâncias, asseguram aos sujeitos surdos o reconhecimento legal de sua língua e o direito de usar a Libras nos espaços públicos, bem como, o direito de ter intérpretes nos espaços educacionais.

Nesse contexto, é que surgiu o Movimento Surdo de Rondônia, a partir do Movimento Surdo Nacional na luta pelas escolas bilíngues no ano de 2011, após uma grande manifestação em Brasília, a qual reuniu surdos de todo o país, mobilizados em protesto contra as políticas educacionais do Ministério da Educação, unificando assim a sociedade civil organizada em favor de sua luta comum.

Data dessa mesma época em Porto Velho. os surgimento da Associação dos Surdos de Porto Velho (ASPVH), cuja primeira presidente foi a surda Indira Stédile, associação essa, da qual, hoje, sou Presidente, bem como, a Associação de Parentes, Professores, Amigos e Intérpretes dos Surdos de Rondônia (APPIS/RO) que já teve como presidentes os intérpretes Ariana Boaventura (presidente fundadora), Marcus Loureiro e Willian Sestito (presidente atual), os quais, também, organizaram uma mobilização simultânea para somar à manifestação de Brasília aqui na capital Porto Velho.

Nesse mesmo período também, o mês de setembro ganhou caráter comemorativo virando o "setembro azul", marcando desde então, e de forma importantíssima, a vida dos surdos, pois, a data de 26/09 passou para o calendário como o Dia Nacional dos Surdos, sendo que, o dia 30/09, é o Dia Internacional dos Surdos.

Dessa forma, o mês de setembro comemora duplamente, as lutas e conquistas do povo surdo, alinhando ainda, tais comemorações à cor azul, símbolo da comunidade surda em todo o mundo, e, cuja iconografia simbólica (laço) remete ainda, ao conceito de Ser Surdo. Assim, o mês de setembro é marcado por eventos, realização de seminários, palestras, apresentações teatrais, passeatas, audiências públicas, exposições, festas, entre outros, nos diversos Estados brasileiros.

Segundo Hall, esse tipo de transformação acompanharia a tendência em direção à uma maior interdependência global, sob a qual, colapsaram todas as identidades culturais fortes, e, ao mesmo tempo, produziria a fragmentação de seus códigos culturais (2011, pág. 73). Podemos vislumbrar tal fato aparentemente, ao percebemos que, dentro ou fora do movimento surdo, muitos ouvintes se tornam simpatizantes da comunidade no contato com a Libras, mas, principalmente no contato com a Comunidade Surda, muitos desses, até tornam-se ativistas da causa surda.

A associação de surdos e de intérpretes na cidade de Porto Velho que já havia se mobilizado através de ações afirmativas em prol da comunidade surda local, ganhou desde então, força e foco político a partir dessa grande mobilização geral, e, como parte dessa luta junto ao Executivo e Legislativo locais, conseguiu aprovar a Lei de Libras municipal, a criação e implantação da primeira Escola Bilíngue da região Norte, as Leis municipal e estadual que reconhecem a profissão de intérprete, conseguindo ainda, fazer com que, os concursos para tradutor/intérprete ocorressem na Câmara Municipal e na Assembleia Legislativa, possibilitando assim, o acesso de vários surdos ao ensino superior nas instâncias públicas e privadas, conquistas essas, que se deram não sem uma luta contínua.

Como parte desse esforço no setor educacional, a associação de surdos através de seus membros, conseguiu ocupar lugares emblemáticos para a comunidade surda na educação superior, primeiramente como intérpretes, e, posteriormente como professores surdos e ouvintes bilíngues, abrindo o caminho para a implantação do Curso de Letras Libras na única universidade pública de Rondônia, à época, a UNIR.

Dentro da Universidade, e, por iniciativa dessas associações/intérpretes, foi criado um projeto específico para a área, o UNIR Azul, cujo objetivo principal é o acesso dos surdos à universidade. O reflexo dessa luta impactou positivamente vários setores daquela IFES, por exemplo: o Mestrado em Letras - além de ter alunos surdos, possui vários trabalhos de dissertação na área de Libras, inclusive, a professora surda Indira Simionatto Stédile Assis Moura, entrou para a história da comunidade, como a primeira surda Mestre em Rondônia, abrindo caminhos para outros surdos, tais como: Amarildo Espíndola e Magno Prates, os quais, já concluíram seu Mestrado, tendo ainda, a professora surda Greice Kelly Nascimento e eu, Danilo Ramos, que estamos estudando na fase final do mestrado.

Dessa forma, o Mestrado em Letras da UNIR, em função da quantidade e qualidade de trabalhos na área de Libras (atualmente possui 20 dissertações defendidas e 03 três em fase final)[3], e, pelo acesso desse quantitativo de surdos (03 Mestres e 02 Mestrandos), virou referência da Região Norte, propondo um caminho que pode apontar novos rumos na Educação Superior do povo surdo frente às demais IFES.

Perceber e reconhecer a UNIR como referência na Região Norte, no entanto, vai além desses dados iniciais, haja vista, que, o Departamento de Libras seja composto por 50% de docentes surdos e 50% docentes bilíngues em Libras, tendo criado um sistema pioneiro denominado BTILS[4], para dar conta de atender às demandas surgidas, com a entrada de vários alunos surdos nos cursos de graduação, bem como, à demanda dos surdos estudantes do Mestrado.

Na atualidade, temos uma Comunidade Surda dentro da Unir, composta por docentes surdos, alunos surdos, intérpretes efetivos, bolsistas, docentes bilíngues e discentes ouvintes, os quais, viraram amigos de surdos, sendo aceitos nessa comunidade, assim como, demais docentes que aceitaram orientar surdos, e que, de alguma forma, se envolveram com a Libras, contribuindo na formação dessa comunidade, investindo assim, em sua continuidade e fortalecimento.

Participar ativamente de um movimento social na luta pelos direitos do povo surdo, se a figura, no entanto, uma batalha que mal começou e que deve durar por várias gerações, daí a necessidade de formação de novas lideranças e o fomento de uma educação de qualidade para os alunos surdos, envolvendo também, professores e docentes ouvintes num esforço de fortalecimento dessa comunidade, em seus anseios de conhecimento e cidadania.

Ao lembrar as enormes dificuldades que têm sido superadas

ao longo dos anos quanto às reivindicações dos surdos, e, a dificuldade de implantação de políticas públicas favoráveis pelos governos, é muitas vezes desgastante, mas, o resultado dessas conquistas, embora seja lento e gradativo, não é desanimador, pois o Movimento Surdo Nacional, articulado aos movimentos locais, tem demonstrado sua força através da união e defesa de ideais comuns, fomentando a mobilização constante dessa comunidade em prol de novas conquistas.

É necessário pois, ampliar o debate entre todos os surdos sobre valor da luta por essa identidade, frente à sociedade envolvente, pois essas *"não são e nunca serão unificadas...porque são irrevogavelmente produto de várias histórias e culturas interconectadas, pertencem a uma e ao mesmo tempo, a várias "casas" (e não a uma casa particular* (HALL, p.89,2011). Gladis Perlin chama essa, de Identidade Híbrida, pois, a maioria dos surdos são filhos de pais ouvintes, e, mesmo sofrendo grande influência do mundo ouvinte, identifica a Libras e a comunidade surda como lugar de pertencimento.

Apesar da diversidade surda ser quase sempre um complicador, devido às divergências entre surdos oralizados e não oralizados, há que se acreditar em direitos comuns assegurados, independente da sua classificação de D.A (Deficiente Auditivo), ou surdo, pois juntos, unidos, todos podemos conquistar novas vitórias através da luta e da articulação, envolvendo a comunidade surda de cada lugar.

Por meio de uma perspectiva culturalista, que intentou percorrer certo trajeto pessoal relacionado à política educacional vigente, podemos inferir sobre a importância crescente das comunidades surdas no Brasil e no mundo, certos de que, somente pelo posicionamento engajado dos próprios atores sociais surdos, bem como, o incentivo das novas gerações de tradutores e intérpretes fazendo a ponte entre as comunidades surdas e a sociedade ouvinte, é que se conseguirá gerar uma maior consolidação das posições de força dessa comunidade.

Por meio dessas estratégias, e, desse enredo em construção, a contribuição do movimento surdo local e nacional, possibilita ver o "povo surdo" instituir-se enquanto sujeito de espaços dialógicos que contribuem para a construção do conhecimento na luta por uma Libras autônoma como primeira língua, enfrentando as tensões provocadas pelas abordagens colonizadoras, sejam essas referentes à Língua Portuguesa, ou, em relação às metodologias educacionais, afirmando sua prioridade linguística para a comunidade surda, e, lutando para que a Libras se constitua de fato, enquanto segunda língua para a maioria dos brasileiros, surdos ou não.

O resgate histórico a partir dessas iniciativas, reveste-se de uma perspectiva etnográfica singular, com o reconhecimento duplo dos surdos nacionais à sua comunidade de pertença, sua língua própria, a Libras, e, ao mesmo tempo, enquanto parte da comunidade linguística nacional, cuja maioria é ouvinte e tem o português como primeira língua.

Nesse sentido, há de considerar-se que, a História para o povo surdo é transmitida entre seus pares numa língua própria, com modalidade visual-espacial, cujo registro histórico, tem sua validade enquanto certa "oralidade" através de uma "visualidade sinalizada" a ser devidamente legitimada junto à comunidade acadêmica, a qual, ao referendar tal instrumentalidade, estaria cumprindo a função social da universidade junto à sociedade.

Assim, essa narrativa, ao emergir como instrumento, ou, categoria de construção dos sujeitos que se apropriam da própria história através de sua primeira língua, a Libras, intenta inscrevê-la no campo dos Estudos Surdos enquanto perspectiva singular, sem, no entanto, pretender esgotar todas as visões sobre essa temática, mas, a partir dessa, intenta alargar a perspectiva historiográfica regional, legitimando junto à sociedade, sua veracidade peculiar, enquanto instância válida e identitária.

O OLHAR PÓS CRÍTICO DA PESQUISA

PRESSUPOSTOS E PREMISSAS DA PESQUISA

Nesta seção, intentamos apresentar os pressupostos metodológicos dos Estudos Pós-Críticos na construção desse estudo, envolvendo a vontade de saber do pesquisador na elaboração do projeto, a seleção de autores para compor nosso referencial teórico, e, as estratégias para a produção de dados junto à Comunidade Surda de Porto Velho. Todo esse processo, entendemos como dialógico e dialético.

O processo dialógico consiste na autoconsciência de que, o fazer científico em ciências humanas, implica na relação entre sujeitos que firmam acordos intersubjetivos, mas, não no abstrativíssimo entre sujeito e objeto aos moldes das práticas de pesquisa em ciências naturais.

Nesse sentido, a relação dialógica se dá entre sujeitos da pesquisa, pelas vozes que compõem a fundamentação teórica, e, pelo ato reflexivo do pesquisador como sujeito consciente, o qual, enuncia nesse estudo, como a pesquisa foi feita, quais os participantes, e, que resultados obteve.

O processo dialético dessa pesquisa, consiste em não apresentar ou estabelecer uma verdade absoluta, por outro lado, chegamos a um determinado desfecho submetendo-o a outros olhares, saberes e sabores, para que, a partir desse desenlace, surjam outras possibilidades de questionamentos e pesquisas.

A metodologia utilizada para esta pesquisa, incorpora as contribuições dos Estudos Pós Críticos, as quais permitem seja o conhecimento constituído juntamente com um processo sobre autoconhecimento do pesquisador no seu despertar científico. Esse despertar científico, é justamente a valorização dos elementos subjetivos e intuitivos do universo cultural do pesquisador, na escolha do tema, na elaboração da proposta de pesquisa, nas escolhas bibliográficas, na produção dos dados e, nas interpretações dos dados.

Os pressupostos dessa pesquisa são sustentados pelo estudo de Francielle Cantarelli Martins e Marianne Rossi Stumpf (2016), com base em terminologias lexicográficas para o uso de sinais-termos, contribuindo para descrever conceitos e palavras específicas de diversas áreas das ciências sociais e humanas. Trata-se de uma área do saber científico que estuda os conceitos de diversos campos, documentando e divulgando o uso correto dos termos em cada área. A terminologia dos sinais-termos é praticada em diversas áreas do conhecimento lexicográfico como um conjunto de métodos e atividades voltado para coleta, descrição, processamento e apresentação de termos. Como produto, é um conjunto de termos, ou, vocabulário.

A princípio, buscamos criar uma bacia semântica de nomes dos bairros da cidade de Porto Velho com o propósito de buscar identificar na configuração de sinais dos nomes de bairros com base nos estudos e pressupostos teóricos de Gesser (2009), o qual, reconhece essa iconicidade como uma das características semelhantes que o ícone (símbolos) têm em comum com o objeto que os representa, neste caso, o nome dos bairros.

Por ser a Língua de Sinais Brasileira uma língua de modalidade visuoespacial, reconhecemos que a iconicidade está presente em grande parte das configurações dos sinais da Libras na sua relação entre a "forma" e o "sentido" das configurações de sinais.

Para reconhecimento da iconicidade, presente nessa configuração de sinais dos nomes do bairro de Porto Velho, identificamos os pressupostos teóricos de Gesser (2009), assegurando que "os sinais mais icônicos tendem a se diferenciar de uma língua de sinais para outra", o que, nos remete ao fato da língua ser um fenômeno convencional mantido por um acordo coletivo entre os falantes de uma determinada comunidade.

Com isso, apesar da iconicidade estar mais presente na língua de sinais, não podemos considerar essa, uma característica exclusiva das línguas visuo-espaciais, pois, nas línguas orais auditivas, ela também está presente.

Com base nesses pressupostos, a autonomia que o pesquisador e os sujeitos da pesquisa assumem no ato de pensar e fazer pesquisas, procurou basear-se no referencial dos estudos pós-críticos, através dos quais, os próprios pesquisadores questionam e duvidam do caráter normativo dos métodos de pesquisa tradicionais.

Ao abrir os questionamentos sobre quem é o pesquisador? Quais suas visões de mundo? Como essas visões de mundo se inter-relacionam com as visões dos sujeitos que também participam da pesquisa? Que novas abordagens essa perspectiva de pesquisa pode trazer para determinado campo de saber? Dessa forma, o fazer científico vai sendo relativizado no enfrentamento de questões que vão desde o problema da pesquisa, dos diálogos teóricos, das limitações intrínsecas dos contextos histórico-sociais vividos pelos sujeitos e a pesquisa, que pode ou não, criar metodologias ou métodos de geração de dados.

Segundo Gastaldo (2014, p.11), esse percurso tem seu amadurecimento através das múltiplas formas de usar a criatividade como essência da pesquisa qualitativa numa perspectiva pós-crítica. Trata-se de uma proposta inovadora, pois, apresenta-se em parte, como desconstrução das normas cartesianas, traz consigo outros desafios para as pesquisas que começam a perceber como se movem os sujeitos da pesquisa, e, como descrevemos tais práticas metodológicas na relação com esses conceitos, teorias e a percepção da realidade desses sujeitos.

A metodologia de pesquisa na perspectiva pós-crítica, busca novos moldes das produções científicas procurando identificar as relações entre sujeito e sujeito, como opção de fazer ciência, pensando e enfrentando os próprios limites e possibilidades das produções acadêmicas.

Ao reconhecermos os limites das pesquisas acadêmicas, dialogamos em busca do conhecimento, sem ocorrências entre sujeito e objeto, mas, entre sujeito e sujeito buscando, identificar a produção do conhecimento relacionando à trajetória de vida do pesquisador, bem como, suas experiências relacionadas à sua cultura e identidade.

Portanto, não buscamos com essa pesquisa realizar a coleta de dados, mas a construção desses dados, considerando o conjunto de vivências do pesquisador, que nos convida a transformar nossas concepções na busca do conhecimento, inseridas em novos desdobramentos criativos a partir dos quais, nos apropriamos de novas perspectivas sob a percepção do olhar pesquisador.

Essa modalidade de pesquisa segue pelos caminhos baseados em pressupostos e premissas dos estudos surdos, que nos alimenta de formas criativa. Uma busca permanente da cultura e identidade dos sujeitos surdos, nos permitindo ampliar os modos de ver o outro e, a nós mesmos. É um processo de desconstrução dos padrões tradicionais de pesquisar e dialogar com o outro.

Aqui, portanto, nos permitimos "pesquisar sem um método previamente definido a seguir" (PARAÍSO, 2012, p. 25). Nessa perspectiva, a pesquisa se realiza no caminhar com os sujeitos do estudo, é um processo dialógico que promove um estado de metamorfose, cujos sujeitos surdos praticam em suas trocas intersubjetivas, interculturais e, nas relações com o mundo por meio da linguagem gesto-visual das línguas de sinais.

SUJEITOS DA PESQUISA

A metodologia de pesquisa pós crítica revela que, tanto o pesquisador quanto as pessoas que constituem a pesquisa são sujeitos, permitindo assim, que haja a relação eu e tu, e que, as alteridades em jogo sejam valorizadas no processo de desenvolvimento da pesquisa, podendo encontrar lugar no corpo da pesquisa desencadeada num processo de colaboração mútua, levando em consideração que, há uma grande relevância nos resultados da pesquisa para a comunidade surda local, para prover acesso a esses registros e compartilhá-la como acervo cultural e linguístico dos surdos em sua relação intercultural com a cidade de Porto Velho.

A presente pesquisa foi realizada com apoio das tecnologias que facilitam os processos de comunicação e expressão em tempo de modernidade tecnológica. Para as comunicações rápidas, como produção de vídeos e reuniões, reconhecemos que, os sujeitos surdos têm se apropriado dos recursos tecnológicos como forma de se posicionar frente à diversidade cultural do mundo ouvinte, bem como, de produzir seus próprios acervos culturais.

Neste contexto, podemos afirmar que as tecnologias da comunicação e expressão, também ajudam os surdos a produzirem, reconhecer e dialogar com as alteridades através das conexões identitárias, o que, contribui para elaborar suas pautas políticas e culturais.

> No caso do sujeito surdo é relevante mencionar que a tecnologia proporcionou visibilidade e cidadania a esta parcela da sociedade. Se pensarmos apenas na possibilidade do envio de mensagens via SMS nos celulares, disponibilizada no Brasil, desde 1998, já perceberíamos um enorme benefício na comunicação destes sujeitos. Mas, principalmente a possibilidade de se comunicar por vídeos proporcionando o uso e o registro da Libras de uma maneira nunca

experimentada. A comunidade surda começa a registrar e preservar a sua história em Libras (SOUZA, LIMA E PÁDUA, s/d)

Nesse cenário, perceber que, tanto o sujeito surdo, quanto os estudos surdos que primam pela valorização de sua cultura e identidade, se fortaleceram no decorrer dos anos, e, hoje, constituem acervos riquíssimos de informações e conhecimentos disponibilizados na internet em forma de artigos, dissertações e vídeos. Essa produção nos mais diversos formatos, é uma forma de refletir sobre a cultura e identidade surda local. Do ponto de vista da diversidade cultural, parece estar intimamente ligada à outras identidades surdas, de outras regiões que revelam também, outras experiências históricas. Essas conexões vêm promovendo relações interculturais que têm fomentado nos surdos o desejo de compreender-se como sujeito constituído nas interações sociais da língua de sinais gesto-visual.

Nesse sentido, a presente pesquisa buscou envolver os sujeitos surdos em um diálogo sobre o espaço urbano local, na perspectiva de poder inspirar outros surdos em outras localidades a pensar seu espaço, e, se apropriarem da vivência local interiorizando-a, significando e ressignificando para empoderamento, não apenas da língua de sinais, mas, também das diversidades de linguagem dos sujeitos surdos.

Assim, a pesquisa envolveu surdos moradores da cidade de Porto Velho como interlocutores, na criação e identificação de sinais iconográficos. Também participaram da pesquisa, tradutores e intérpretes de Libras que moram e conhecem a história dos bairros. Esses elementos foram utilizados para compreensão sobre as motivações das criações dos sinais que se dividem em icônicos e arbitrários.

A PRODUÇÃO DE DADOS DA PESQUISA

A produção de dados aconteceu em um processo dialógico com a comunidade surda através de redes sociais, utilizando o whatsapp, levando em consideração que os dados foram produzidos durante o período de pandemia da covid 19, dessa forma, para resguardar a segurança sanitária e a continuidade da pesquisa, nos utilizamos intensamente dos recursos tecnológicos disponíveis, para identificar os sinais utilizados na nomeação dos bairros no contexto da língua de sinais, levando em consideração a cultura e identidade da cidade de Porto Velho.

Para a produção dos dados, foi criada uma comunidade interpretativa com a presença de surdos e intérpretes da comunidade surda de Porto Velho. Os objetivos da comunidade interpretativa foram: 1. Listar os nomes dos bairros mais tradicionais da cidade de Porto Velho; 2. Formar um grupo pesquisador, com surdos e intérpretes da Língua de Sinais Brasileira que utilizam os sinais-termos dos nomes dos bairros em Libras; 3. Registrar os sinais-termos dos nomes dos bairros, com a descrição iconográfica da configuração dos sinais; 4. Criação de uma ficha para os sinais-termos com: nome do bairro em português, conceito histórico sobre a origem do nome, sinal do em Libras, descrição iconográfica da configuração do sinal; 5. Validar os sinais-termos com a equipe de glossário em Libras.

A presente metodologia de pesquisa terminológica (dicionário, vocabulário, glossário) foi adaptada da pesquisa voltada para a coleta e registro de sinais-termos psicológicos para Glossário de Libras do Programa de Pós-Graduação em Linguística da Universidade Federal de Santa Catarina, realizado por Francielle Cantarelli Martins, sob a orientação de Marianne Rossi Stumpf (2016). Tais pesquisadoras asseguram com isso, que cada trabalho não exija uma metodologia única, pois é possível adaptar metodologias considerando as circunscritas e traçadas às necessidades de cada pesquisa.

Neste sentido, realizamos as adaptações necessárias para o contexto dos estudos surdos no contexto amazônico do Estado de Rondônia. O resultado poderá ser utilizado pelos tradutores/intérpretes, pesquisadores e outros profissionais da área da pesquisa, tais como: dicionários e glossários técnicos de Libras. Apresentamos na sequência, as estratégias para registrar os sinais-termos em Libras nesta pesquisa.

PROCEDIMENTOS DA ANÁLISE DOS DADOS

A análise dos dados ocorreu com base numa bacia semântica de sinais-termos dos nomes dos bairros de Porto Velho. Os sinais identificados, foram analisados com base em configurações dos sinais, visando identificar as representações iconográficas presentes nesses sinais. Considerando que, os sinais icônicos e os arbitrários, podem ou não, sofrer influência da língua portuguesa. Neste prisma, tal estudo e pesquisa optou por utilizar a consulta em configuração de mão, português.

O propósito não foi analisar os sinais convencionados pela comunidade surda de porto velho. Outrossim, a pesquisa não se dedicou ao aprofundamento na complexidade que envolve os sinais produzidos, mas, na identificação de sinais-termos, e, no registro destes sinais, considerando que, em uma pesquisa futura poderá se prestar à análise fonética ou fonológica. Assim, após os registros, buscamos apenas a identificação das representações icônicas, com base em cinco etapas:

Etapa I - A primeira etapa para a coleta dos sinais-termos dos nomes dos bairros de Porto Velho, foi feita com base na realização de um fórum on-line em uma rede social, com surdos e intérpretes da Língua de Sinais Brasileira, isto é, um grupo fechado em interação com o grupo pesquisador, composto por surdos e intérpretes da Língua de Sinais Brasileira.

Etapa II – Análise e configuração dos sinais-termos dos nomes dos bairros, para identificar a presença de iconicidade presente na configuração dos referidos sinais. Decidimos refletir sobre critérios que poderiam ser utilizados na pesquisa, para identificar os sinais-termos, mas, não encontramos nenhum material bibliográfico que pudesse servir de auxílio nessa etapa. Foram utilizadas apenas as experiências de surdos e intérpretes, para identificação dos sinais.

Etapa III – Coleta de sinais-termos em vídeo, nos quais, os participantes enviaram para o grupo, via whatsapp. Questionamos quais sinais eram utilizados para cada nome de bairro, e, os participantes enviavam vídeos contendo os sinais mais conhecidos, pois, os participantes utilizam a Libras como língua natural, que é uma língua e visual-espacial.

Etapa IV – Os sinais coletados formaram uma bacia semântica de sinais-termos que foram colocados numa ficha terminológica com: nome do bairro em português, conceito histórico sobre a origem do nome, sinal do nome em Libras e descrição iconográfica da configuração do sinal.

Etapa V – Os sinais-termos foram levados para o grupo pesquisador formado, a fim de apreciar os sinais e as definições propostas. Após a explicação, ocorreu um processo de validação pela equipe, formada por pesquisadores e tradutores/intérpretes que fazem parte da comunidade surda de Porto Velho.

Com essa base nos pressupostos acima, e, fundamentados em Karnopp (2016), compreendemos que, ao estudarmos as línguas de sinais, estamos estudando as relações entre a linguagem e a sociedade. Isso porque, a linguística ao estudar qualquer comunidade que usa uma língua, constata também a existência da diversidade de linguagem que a comunidade linguística (no caso aqui investigado, a comunidade de surdos) se caracteriza pelos diferentes modos de usar a língua de sinais. Para nominar essas diferentes maneiras de configurações de sinais, utiliza-se a denominação de "variedade linguística".

Nesse rumo, o estudo desses sinais-termos ainda se encontra em processo de consolidação, por isso esperamos que tal pesquisa possa contribuir no desenvolvimento de outros estudos, e, esses, disponibilizados aos poucos para a comunidade surda acadêmica brasileira.

Esperamos assim, que o Glossário de Libras contribua para divulgação dos sinais-termos específicos dos nomes dos bairros da cidade de Porto Velho, principalmente para área de terminologia da Libras. Os sinais-termos deste estudo estão inéditos, mas pretendemos postar assim que concluirmos a pesquisa, e, o glossário de Libras for consolidado no contexto do Programa de Pós-graduação do mestrado acadêmico em letras da Universidade Federal de Rondônia.

SINAIS ONÍRICOS
UM ESTUDO PÓS CRÍTICO DOS SINAIS DE LIBRAS

A RELAÇÃO DIALÓGICA DO PESQUISADOR COM A PESQUISA

Os resultados deste estudo, são oriundos da relação dialógica entre o pesquisador e todos os elementos que constituíram os desdobramentos possíveis para os resultados aqui presentes. Os Estudos Pós Críticos nos proporcionaram a dialogicidade entre as vozes e as vivências que constituem esse estudo, assegurando a reconstrução do percurso que nos encaminhou para o atual momento de apresentação dos resultados da pesquisa.

Considerando que, toda reconstrução traz dentro de si elementos intersubjetivos de sujeitos localizados no tempo e no espaço, vislumbramos a abertura de oportunidades para que haja uma retomada de onde paramos, posto que não pretendemos estipular um resultado preciso, ou, uma pretensão de exatidão teórica e metodológica. Por outro lado, chegamos a um desfecho da pesquisa submetendo-o a outros olhares, saberes e sabores, para que, a partir desse desenlace, surjam outras possibilidades de questionamentos e desdobramentos.

Os registros dos Sinais-termos

Os registros dos sinais-termos dos bairros de Porto Velho foram construídos tendo como arcabouço teórico, os pressupostos apresentados por Prometi, Costa, Tuxi (2015), Marianne Rossi Stumpf (2016) e Tuxi dos Santos (2017). Esses autores revelam que, os estudos voltados para área de terminologia, tais como, o conjunto de diretrizes e princípios que regem a compilação, formação de termos e estruturação de campos conceituais, teria surgido a partir da necessidade de se estabelecer os elementos necessários e básicos para construção de glossários bilíngues da língua de sinais, tendo como objeto, o estudo sinais-termos de áreas especificas que ainda não possuem a configuração na Língua de Sinais Brasileira.

Para a compreensão do processo de criação de conceitos e de significados do uso de sinais-termo numa perspectiva bilingue e intercultural, torna-se necessário uma melhor compreensão dos sinais-termos nas mais diversas áreas da produção do conhecimento. Nesta perspectiva, Prometi, Costa, Tuxi (2015) comentam que, o vocabulário é a principal ferramenta na construção de um sinal-termo, pois, a contribuição individual, faz com que, determinados sinais-termos desconhecidos sejam revelados, originando novos sinais para um repertório lexicográfico.

> O termo sinal-termo é para designar um sinal que compõe um termo específico da LSB, sob a fundamentação teórica da Lexicologia e da Terminologia. Esse conceito determina que as técnicas para a elaboração de repertórios lexicográficos têm de seguir mecanismos de registro da ficha terminológica, que é o banco de dados para registrar as informações em vários contextos de uso. (PROMETI; COSTA; TUXI, 2015, p.1)

Por outro lado, Martins e Stumpf (2016) apresentam como pressupostos teóricos para a criação de sinais-termos, a escassez de sinais para termos técnicos, os quais, são identificados em língua portuguesa, nas diversas áreas da produção acadêmica, posto que, na língua de sinais ainda não existe a configuração desses sinais.

As autoras argumentam, que, é possível convencionar sinais de termos técnicos para atender as necessidades dos processos de ensino e aprendizagem em contextos da educação básica e do ensino superior. Por conta disso, as pesquisadoras iniciaram uma proposta para criação de um glossário bilíngue na área de psicologia na Universidade federal de santa Catarina (UFSC), que atendesse não somente aos acadêmicos, mas que contribuísse também, com toda comunidade surda.

> A presente pesquisa se justifica pela falta de terminologias científicas em Libras, o que interfere na negociação de sentidos e dos conceitos por tradutores/intérpretes, docentes, discentes e profissionais. A difusão de sinais-termos da área de Letras- Libras é muito recente e, embora quase todos os termos já tenham sinais, ainda faltam alguns em áreas específicas, como a da Psicologia (MARTINS; STUMPF, 2016, p.39).

No contexto dos estudos e pesquisas na área de terminologia, voltados para a construção de sinais-termos, Tuxi dos Santos (2017), nos mostra que, a história da pesquisa na área de Terminologia, se confunde com o momento em que as pessoas começam a trabalhar na organização de suas línguas, através de construção de gramáticas e dicionários.

Ela nos mostra que, nesse período, a Terminologia ainda não era reconhecida como uma área de estudos, ou, como disciplina, no espaço de pesquisas acadêmicas. Nesse contexto, a Terminologia ganha autonomia nas áreas de Botânica, Zoologia e Química, por meio do avanço de estudos nessas esferas científicas, culminando com o aparecimento de novas necessidades encontradas nas investigações científicas de cunho taxonômico, as quais, tinham por objetivo, classificar e categorizar as "nomenclaturas" criadas nessas áreas de conhecimento.

Assim, podemos reconhecer, com base nos pressupostos apresentados por Tuxi dos Santos (2017), que as pesquisas em Terminologia ou de cunho terminológico existem desde o século XVI, em decorrência das necessidades que os estudiosos tinham em padronizar a linguagem especializada de forma concisa, clara e com amplo reconhecimento no mundo das ciências. Considerando que, nesse rumo, o que interessava aos estudos Terminológicos, são as descrições dos objetos, as denominações das coisas que surgiam, demandando termos que compusessem parte integrante da realidade social e cultural.

No contexto brasileiro, Tuxi dos Santos (2017) revela que, a pesquisadora Enilde Faulstich foi a primeira pesquisadora no Brasil a apresentar um estudo teórico aplicado sobre a socioterminologia[5], revelando a trajetória social da Terminologia, assim como, os aspectos históricos relativos ao registro dos termos em obras lexicográficas, os quais, nos permitem a constituição de três fatos considerados determinantes na cronologia da Terminologia.

> 1- O registro da Terminologia na história das línguas dá-se antes mesmo do reconhecimento da área como disciplina no universo acadêmico. Esse feito evidencia o valor do uso dos termos para a comunicação no mundo todo;
>
> 2- A criação de novas terminologias normalmente indica que o processo científico e tecnológico está em desenvolvimento, seja em determinada língua, povo ou cultura. Assim, para que esses novos termos perdurem, eles precisam continuar a passar pelas etapas de elaboração, análise, consolidação, entre outras, visto que esse contínuo desenvolvimento gradativo do saber é essencial para a interação entre as diversas áreas e esferas do conhecimento. É por esse motivo também que a Terminologia tem um caráter interdisciplinar, afinal, ela não é apenas um instrumento de caráter normalizador, mas sim um mecanismo de uso funcional caracterizado pela variação linguística presente nos espaços sociais.
>
> 3- A organização terminológica de uma língua é o passo determinante para se estabelecer o desenvolvimento de uma política linguística. Um exemplo disso são as línguas minoritárias que manifestam em si conceitos constantemente contrastivos à língua majoritária, em especial, no tocante aos estudos científicos dos termos dessas línguas. (TUXI DOS SANTOS, 2017, p. 30)

Dessa forma, e, com base nestes pressupostos, Tuxi dos Santos (2017) assegura que, a criação de novas terminologias geralmente demonstra avanços no processo científico e tecnológico, e isso também pode ser relacionado com as línguas de sinais, em determinado espaço e tempo, no qual, os povos surdos adentram novos campos do conhecimento sobre o mundo que os cerca, e, de como a relação sujeito e espaço traz implicações para a língua e linguagem ao expressar a cultura dos povos surdos.

É com base nesses pressupostos, pois, que buscamos ancorar os resultados dessa pesquisa, voltando-a para o mapeamento dos sinais-termos dos nomes dos bairros da cidade de Porto Velho, com a finalidade de registrar os sinais existentes, visando realizar uma análise descritiva dos dados produzidos.

Portanto, os resultados que passamos a apresentar, estão amparados nos pressupostos teóricos anteriormente apresentados, tendo em vista que, não se tratou apenas de registrar os sinais existentes, mas de seguir na direção do estabelecimento da construção de diálogos e reflexões sobre as configurações dos nomes dos bairros, visando realizar uma análise descritiva para identificar as representações iconográficas presentes nessas configuração de sinais-termos, os quais revelam aspectos da cultural e identidade da Comunidade Surda de Porto Velho.

MAPEAMENTO DOS SINAIS DOS NOMES DOS BAIRROS

A importância do registro e estudos sobre os sinais-termos dos nomes dos bairros da cidade de Porto Velho, consiste, pois, em prestar à comunidade surda informações sobre os vários aspectos da cultura e identidade surda na produção de linguagem com o uso da Língua de Sinais Brasileira.

Em primeiro lugar, buscamos abordar tais sinais-termos, fazendo referência à cultura e identidade surda, com base nos registros lexicográficos representações iconográficas nas configurações dos sinais valorizam elementos que constituem a representação do sinal-termo relacionado à cultura e identidade vivenciadas nos espaços físicos e sociais da cidade de Porto Velho.

Dessa forma, buscamos registrar *uma bacia semântica de sinais-termos de Libras* para os nomes dos bairros de Porto Velho, com base na cultura e identidade da comunidade surda. Nesse contexto, escolhemos para compor a referida bacia semântica, os seguintes bairros: Centro; Caiari; Areal; Triangulo; Tancredo Neves; 4 de Janeiro; Aeroclube e Caladinho. Como objetivo específico, buscou-se realizar o mapeamento de palavras e termos relacionados aos bairros de Porto Velho; identificar os sinais-termos das palavras mapeadas com representações iconográficas relacionando à cultura e identidade surda; validar os sinais-termos com equipe de glossário de Libras com surdos e ouvintes; publicar os sinais-termos validados num caderno pedagógico, e, na página do Glossário de Letras Libras.

Os sinais-termos dos nomes dos bairros de Porto Velho tiveram seus nomes escritos em português e foram traduzidos para Libras, com base nos conceitos de iconicidade presente nas configurações dos sinais. Tal pesquisa se baseia nos pressupostos dos estudos surdos ancorados na cultura e identidade da história da cidade de Porto Velho, visando assim, o empoderamento da comunidade surda local, através da língua de sinais, na perspectiva gesto-visual das configurações de sinais.

No sentido de empoderar a comunidade surda frente à sociedade envolvente, composta majoritariamente de ouvintes, além de identificar os sinais correspondentes aos bairros, verificou-se a necessidade de contextualizar tais sinais a partir das práticas vivenciadas pelo pesquisador no seio da comunidade surda, considerando o uso dos sinais na perspectiva dos processos descolonização do saber e do poder, na qual, a percepção de pessoa surda se diz, enquanto sujeito de sua própria história, cultura e identidade.

Neste contexto, procurei identificar a princípio, minha própria experiência e dificuldade enquanto ouvinte, que nasceu e viveu parte da primeira infância em um lar ouvinte, situação essa, que se modificou rapidamente após ter contraído uma meningite encefálica, cujas sequelas acarretaram a perda auditiva total, e, a partir de então, a exemplo de outras tantas pessoas que viveram em condição similar, ingressei compulsoriamente no mundo dos surdos, sofrendo todo o tipo de problemas para me adaptar à nova condição ainda quando criança, chegando à condição adulta enfrentando os desafios que a vida me impôs.

As narrativas etnográficas presentes, visam também servir de exemplo à comunidade surda, não como ladainha de lamentos e vitimismos, mas, como exemplo de uma vida carregada de percalços e superação, com a qual, outros surdos podem se identificar, incentivando-os a derrubar suas próprias barreiras, dentre essas, a maior, que é a língua do colonizador e seus preconceitos.

Para realizar o mapeamento dos sinais dos nomes dos bairros e a identificação das representações iconográficas dos sinais na tradução, verificamos que, grande parte dos nomes desses bairros, a princípio, não possuíam um sinal correspondente à cultura e identidade surda, e, como participante de um grupo de surdos e intérpretes que se reúne desde o ano de 2019, empenhado na catalogação e criação de sinais locais, foi possível efetivamente contribuir com a identificação das representações iconográficas relacionadas à história e cultural visuais, presente nessas configurações de sinais.

O resultado da bacia semântica registrada, postula não apenas o direito à diversidade cultural, mas procura mergulhar nos limites e possibilidades de desenvolvimento linguístico da cultura e identidade dos sujeitos surdos. Neste sentido, o pesquisador assumiu o papel de antropólogo da sua própria cultura e, através de seu olhar etnográfico, buscou contribuir para o crescimento cultural e linguístico da comunidade surda, na perspectiva dos diálogos interculturais, enquanto possibilidade de superação dos desafios da aceitação dessa identidade cultural surda em seu cotidiano.

Essa opção epistemológica, dispensa longas teorias para justificar que que as próprias pessoas envolvidas vão aprendendo ao mesmo tempo em que participam e se apropriam dos resultados de forma coletiva. A abordagem da pesquisa se deu numa concepção da educação diferenciada com a criação de uma comunidade interpretativa de aprendizagem para análise dos resultados.

Essa opção consolida-se na criação de um coletivo educador que, além de discutir seu objeto como sujeito e sujeito da pesquisa, contribui também para a construção de novas práxis de sensibilização para educação, identidade e cultura do povo surdo na cidade de Porto Velho, posto que, sejam locais de moradia, deslocamento e trânsito compondo, parte da cultura imagética local relacionada à comunidade surda em sua relação com o ambiente urbano.

Representações iconográficas dos sinais

A emergência dos estudos em Terminologia, tem se ampliado e constituído um território interdisciplinar, e por que não dizer transdisciplinar, posto seja uma disciplina com suporte teórico e prático que se movimenta em várias áreas da produção acadêmica? Seguindo esse pensamento, fizemos a correlação dessa importância da Terminologia para o registro das expressões culturais e identitárias da produção de sinais-termos em línguas de sinais.

Segundo Santos (2007), os estudos do Léxico e da Terminologia na Língua de Sinais Brasileira, se apresentam como um modelo inovador de registros de línguas emergentes que lutam por reconhecimento e validação de suas práticas culturais e identitárias através da produção de léxicos, registros e análises. Em nossa percepção, tais pesquisas vão muito além da língua, alcançando a produção de sentidos em suas práticas linguísticas em suas relações de comunicação e de interação social.

Fundamentada na proposta de criação de sinais-termos, registros de antigos e novos termos, concebemos uma reflexão sobre a importância das expressões culturais das identidades surdas na validação desses termos. Nesse cenário, Teixeira (2021) nos mostra que uma língua de sinais é constituída por sistemas de signos arbitrários constituídos por convenções sociais formadas por surdos, o que, possibilita a criação de diversos processos de comunicação e expressão entre surdos e ouvintes.

Além disso, há sinais icônicos que são constituídos através da cultura e identidade de uma dada sociedade, que também revela a forma de ver o mundo do povo surdo. Com base nesses pressupostos podemos reconhecer que a Língua de Sinais Brasileira (LSB) não é apenas a língua natural da comunidade surda, mas, reflete as singularidades do mundo surdo, onde, ser surdo, é fazer parte de uma realidade visual, com as experiências das identidades culturais da língua de sinais.

Segundo Strobel (2009) A Cultura e Identidade Surdas se manifestam através de artefatos culturais presentes na vida do povo surdo. Esses artefatos são constituídos pela experiência visual, independentemente do nível de surdez. A pessoa surda desenvolve uma aguçada percepção visual do espaço cultural que a circunda, aprendendo dessa forma elementos do ambiente, da história local, e, de suas vivências, tendo imagens visuais como representação do mundo vivido e compartilhado com outros surdos.

Por fim, passamos a descrever os elementos dessa identidade cultural dos surdos de Porto Velho, presente na criação dos nomes dos bairros da cidade. A maioria dos nomes desses bairros, possui a configuração de sinais que foi convencionada pelos próprios surdos moradores desses bairros.

Tais configurações de sinais, possuem representações icônicas e arbitrárias, que reconhecemos como artefato cultural dos surdos na constituição das línguas de sinais e, enquanto forma de manifestação das ideias, sentimentos e experiências do povo surdo, reveladoras da diversidade cultural dos contextos das interações sociais de onde esses vivem.

Nessa perspectiva, passamos a demonstrar o mapeamento da configuração dos sinais dos nomes dos bairros de Porto Velho, como expressão do povo surdo sob a ótica da cultura e identidade do ambiente amazônico.

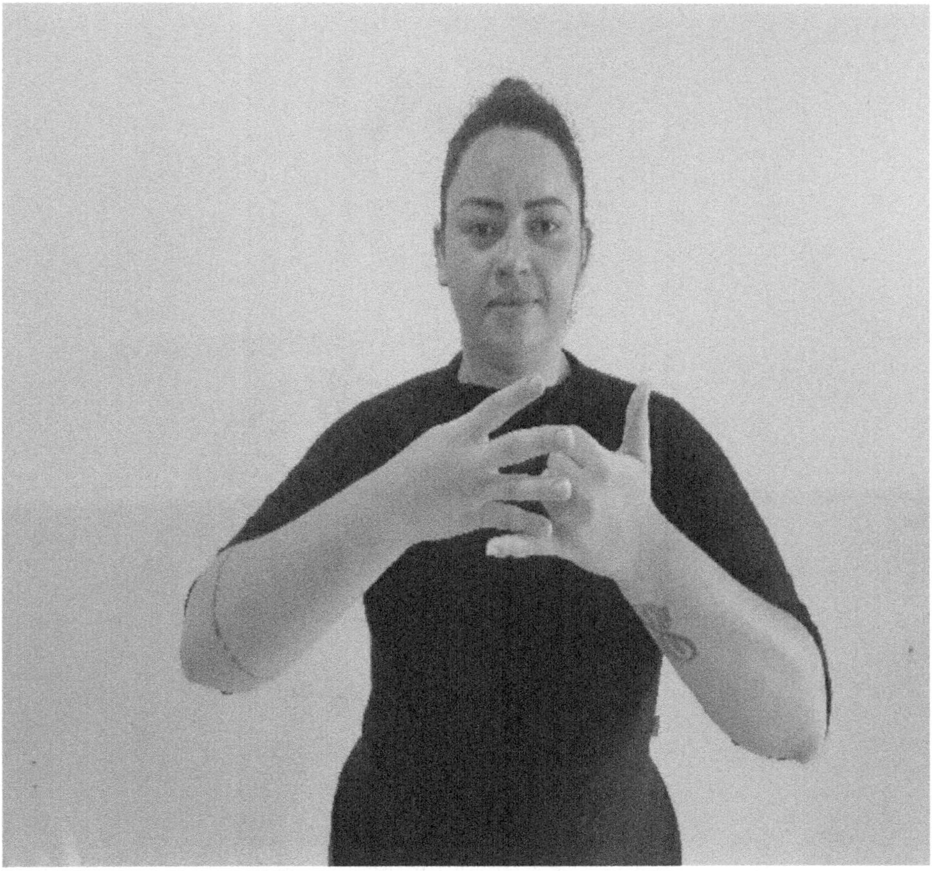

Imagens 1,2 – configuração do nome do bairro 4 de janeiro (1)[6]

Na figura 1, percebemos o sinal correspondente ao léxico que designa o bairro 4 de Janeiro. Nesse sentido, percebemos um sinal linguístico convencionado pela comunidade surda sem nenhuma relação visual com o bairro. É um sinal realizado através de empréstimo linguístico da configuração de mão em 4 e da letra J. Validamos esse sinal, por corresponder a elementos linguísticos da Cultura Surda no sentido de ser elemento de linguagem, que expressa também, os elementos constituintes da Libras, como os parâmetros que formam o signo linguístico.

Semelhantemente, temos abaixo um sinal que se realiza segundo os parâmetros das línguas de sinais que também podemos afirmar que sua morfologia advém do empréstimo de número 4 e letra j e da configuração de mão.

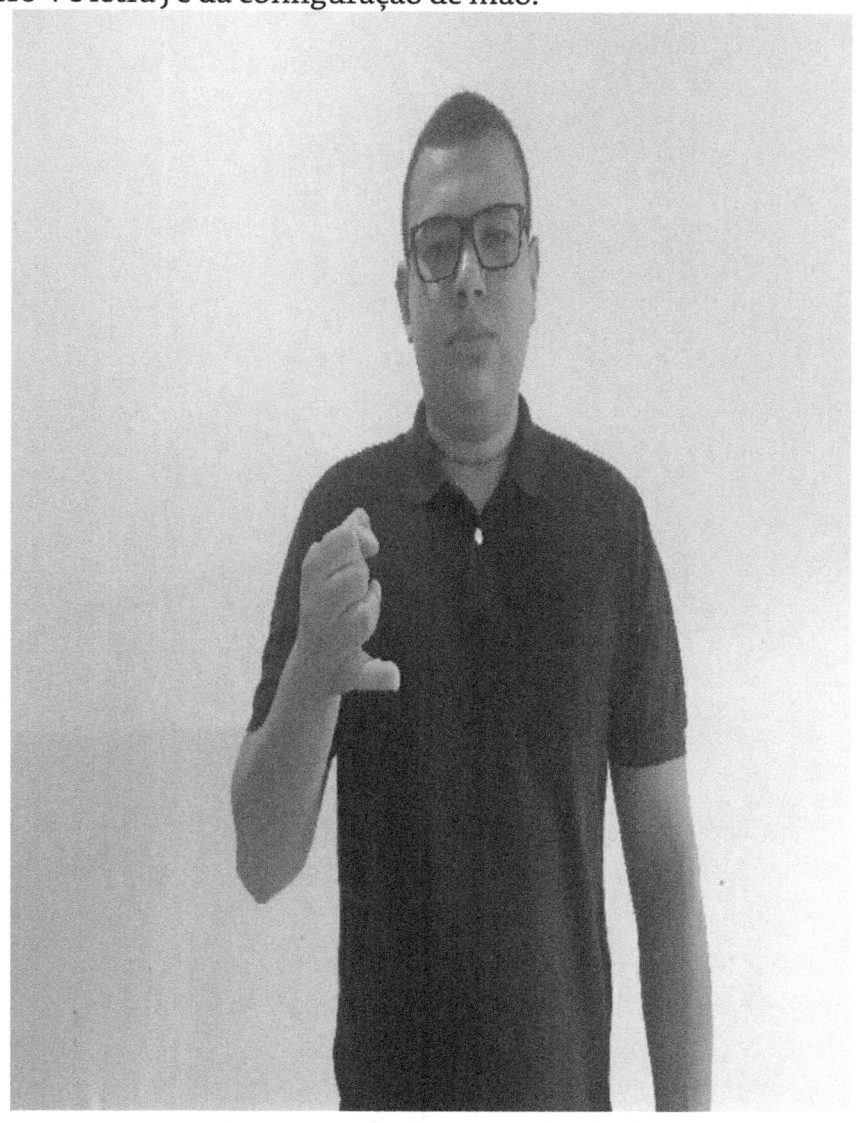

Imagens 3 ,4 Configuração do nome do bairro 4 de janeiro (2)[7]

    É um sinal realizado através de empréstimo linguístico da configuração de mão em 4 e da letra J. Nós surdos não sabemos o significado do bairro e usamos a configuração de mão como empréstimo, na época usamos esse sinal sem saber se é o bairro e pensamos é o nome da casa e explicamos onde os surdos morar tipo o sinal dos surdos: Arine Holanda, Suzana Frota, Danilo Nonato, Lucas Santos, Leila Sena, esses são os principais moram nesse bairro. Por outro lado, não podemos deixar de estabelecer relação de iconicidade com a língua portuguesa, posto que em um contexto semântico de linhas percorridas por ônibus circulares na capital esse sinal possui características de adivinhabilidade por ouvintes que saibam apenas o alfabeto ou estejam em um nível básico de comunicação com surdos. Dessa forma o sinal cumpre sua função comunicativa entre surdos e ouvintes, servindo inclusive para estabelecer um marco visual entre as línguas em contato.

Imagem 5 – configuração do nome do bairro Aeroclube (1)[8]

Faz referência a prática de paraquedismo que eram feitas em áreas desmatadas do bairro e validamos o sinal. O sinal faz alusão ao contexto de lembranças dos antigos moradores que falavam que quando desmataram a área, antes do loteamento esse espaço foi utilizado como prática de treinamento de paraquedistas. Dessa forma o sinal reflete a iconicidade do formato do paraquedas caindo sobre um tronco de árvore, a mão dominante com configuração de mão em C, direção da palma da mão para baixo sobre a mão não dominante configuração em U direção da palma da mão para fora.

Na configuração das imagens abaixo (6 e 7) podemos perceber que existe outra variante para o sinal do bairro aeroclube: sinal realizado mediante empréstimo linguístico das iniciais da linha de ônibus Norte Sul que circulava no bairro. Esses são soletrações de alfabeto manual, não tinha sinal do bairro, nem sabemos se é o bairro, apenas suspeitamos que é um sinal alusivo ao percurso exclusivo percorrido pelo referido ônibus. Nesse sentido usamos empréstimo linguístico com a letra "N" e "S" e sabemos a qual ou quais bairros ou percurso se destina o sinal. A iconicidade do sinal é relacionada ao contexto semântico e comunicacional em que a letra "N" e "S" é compreendida com facilidade pelos interlocutores. Desta forma a iconicidade é inspirada na língua portuguesa para estabelecer o contato entre falantes ouvintes e surdos de Porto Velho.

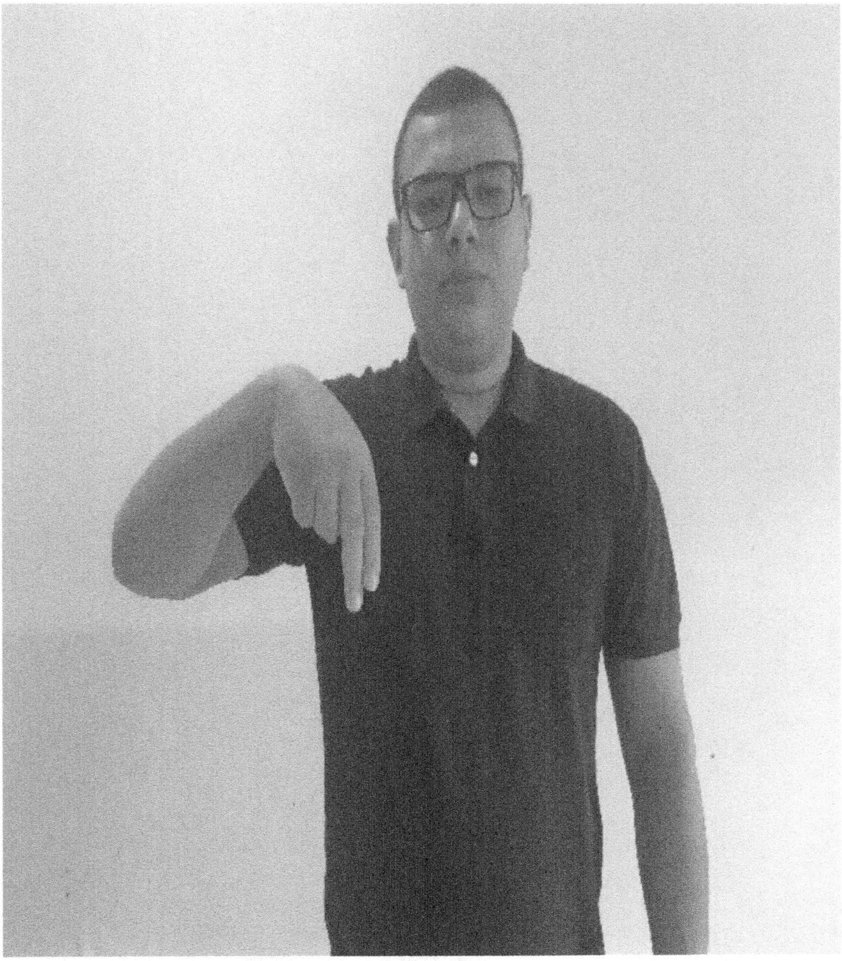

Imagens 6,7 – Configuração do nome do bairro Aeroclube (2)

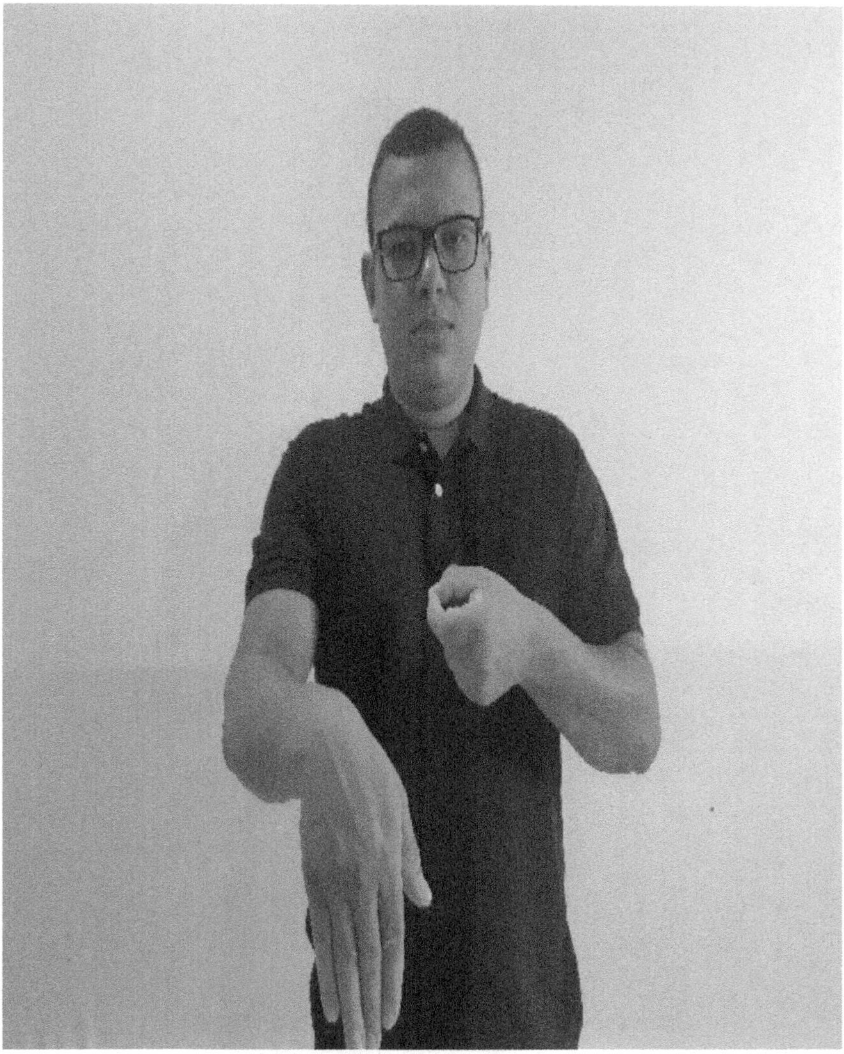

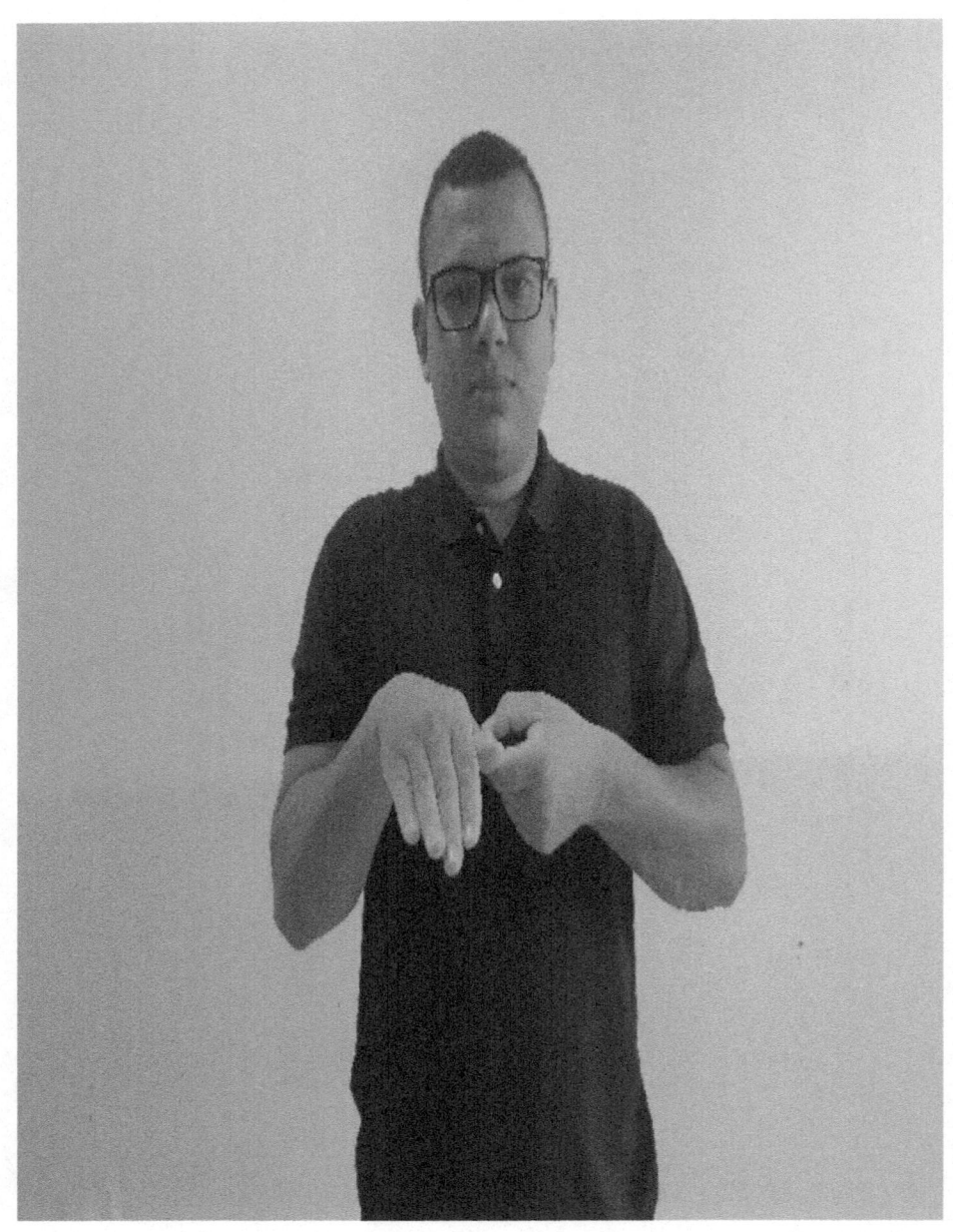

O próximo nome de bairro que passamos analisar trata-se do primeiro bairro de Porto Velho, o Caiari. O bairro mais antigo da história do município surgiu como o primeiro conjunto habitacional do Brasil, a partir do primeiro governador do

Território Federal do Guaporé, Aluísio Ferreira, que nacionalizou a Ferrovia Madeira-Mamoré. Na configuração de mãos identificada para o nome do bairro representado nas imagens 8 e 9 (1), nota-se uma representação icônica das ruas bairro com ladeiras inclinadas. Realizamos a validação do sinal ao qual faz referência ao bairro, pois o referido bairro é considerado pequeno em comparação a outros, as ruas que faz acesso a ele possuem significativa inclinação das Avenidas Rogério Weber e Presidente Dutra, as quais a comunidade surda utiliza como referência para justificar o sinal atribuído a ele, e outro ponto faz referência a casa de cultura Ivan Marrocos e ao Espaço Esportivo do Deroche.

O segundo sinal convencionado pela comunidade surda sem nenhuma relação visual com o lugar é encontra-se representado na imagem 10 (2). Esse sinal é especificamente atribuído a Casa de Cultura Ivan Marrocos, pois os surdos em suas comunicações referenciam a casa de cultura ao bairro Caiari, pois o nome especificamente do bairro não é muito difundido dentro da comunidade, ao mesmo que sinalizar as três caixas d'água faz referência também ao bairro, ao qual pode ser exemplificado como a Casa de Cultura localizada a Avenida Carlos Gomes, utilizando a configuração de mãos "C" e "G".

Outra configuração de Sinal convencionado pela comunidade surda de Porto Velho para o nome do Bairro Caiari e o representado na Imagem 11 (3). Esse sinal foi atribuído fazendo referência a uma antiga casa noturna localizada a Avenida Pinheiro Machado esquina com Avenida Presidente Dutra com o nome de "Corsário" a qual utilizava de uma imagem em tamanho grande de um "Pirata", dado o motivo de usarmos o sinal de pirata. A comunidade surda sempre que referenciava a algo naquele setor utiliza-se do sinal visual ao invés de atribuir nome do bairro.

DANILO RAMOS DA ROCHA

Imagem 10, 11– configurações dos nomes do bairro Caiari (2)

Passamos analisar agora o nome do bairro caladinho. Identificamos que o nome recebido pela localidade homenageia o ribeirão Caladinho, que, por sua vez, tem em sua denominação em referência ao primeiro nome da cidade (Calado). Segundo dados registrados pelo Instituto brasileiro de geografia e estatística

(IBGE), apresentado pela Wikipédia, a enciclopédia livre, em sua extensão estão situados dois aglomerados subnormais, que são o Alto Caladinho e o Pedreira. Do ponto de vista histórico o bairro foi criado em 1960, após a área ser loteada pelo seu antigo proprietário, José Maria Rolim.

    Do ponto de vista dos topônimos Caladinho de Baixo, Caladinho do Meio e Caladinho de Cima também são popularmente utilizados para se referir à região que inclui o bairro Caladinho e os bairros próximos. O bairro Universitário, por exemplo, é por vezes chamado de Caladinho do Meio, o Aparecida do Norte de Caladinho de Baixo e a região dos bairros Barbosa e Pedreira é conhecida como Caladinho de Cima.

    A configuração do nome do bairro em Libras possui Sinal arbitrário com a representação do seu nome demostrado na imagem 12. O sinal em libras possui uma relação com à cultura e identidade surda, que pode ser considerado cônico se levarmos em consideração a língua portuguesa. Isto porque a comunidade surda de Porto Velho passou utilizar esse sinal ao referenciar o nome do bairro com o ribeirão calado, mesmo sabendo que esse sinal em outro contexto não é um bairro, mas trata-se da palavra 'calado'.

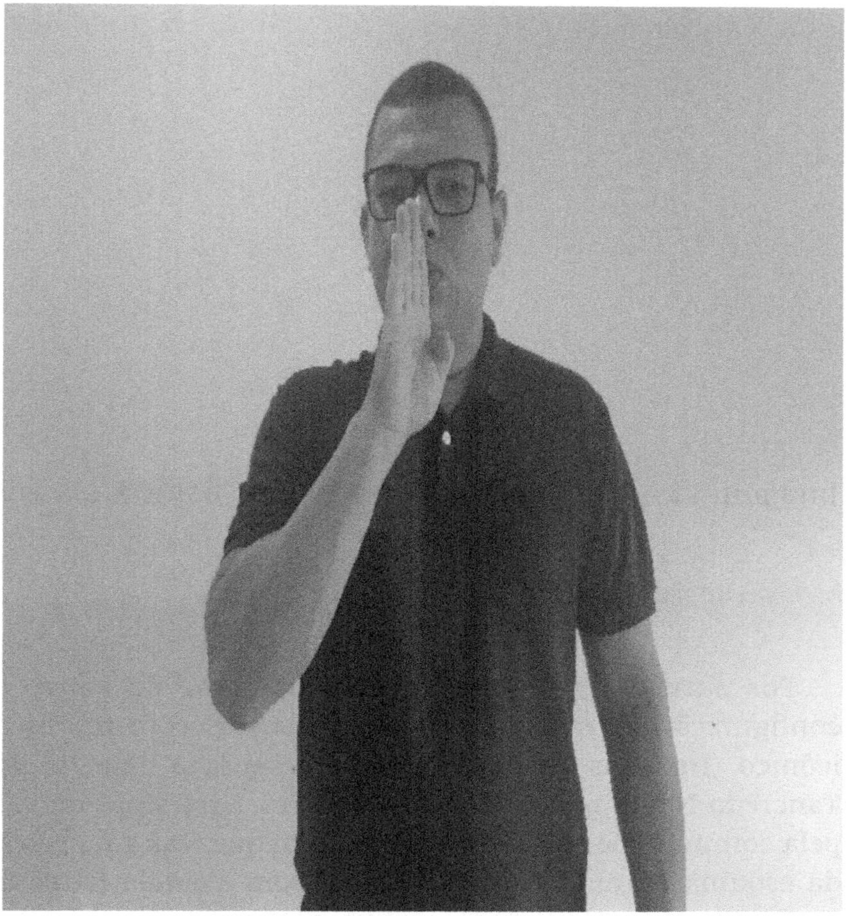

Imagem 13 – Configuração do nome do bairro Caladinho (1)

Por outro lado, o bairro ganhou o nome do bairro com a configuração de mãos de sinais compostos com representação icônico (Imagens 14 e 15) que representa o eixo da avenida Tancredo Neves que dá acesso ao bairro. Esse sinal foi validado pela comunidade surda. Esse é um sinal que traz a representação da esquina avenida Tancredo Neves com avenida Jatuarana até na Escola Tancredo Neves, que é uma rua principal do bairro que a comunidade surda sinaliza para representar o nome do bairro caladinho. Trata-se de utilizar a configuração do sinal de "calado" contextualizando com os pontos de referência de avenidas do bairro.

  A presente análise se propõe a compreender a formação dos nomes do bairro considerado a compreensão do olhar da comunidade surda de Porto Velho que na maioria das vezes associa o nome do bairro com a representações iconográfica de arte fatos culturais presente no bairro. partir dos sentidos produzidos discursivamente pela imprensa, e sua relação com a

Imagens 14 e 15 Configuração do nome do bairro Caladinho (2)

A região do centro de cidade de Porto Velho também tem suas configurações de sinais em libras convencionado pela comunidade surda. Em nossa pesquisa encontramos três configurações de sinais em libras. O primeiro sinal que identificamos (imagem 16) trata-se de um sinal (1) fazendo referência a um ponto principal. Esse sinal só usamos se fosse um bairro principal, mas esse sinal é chamado de "Localização" ou "Maps".

A segunda configuração de Sinal em libras bairro do Centro possui uma representação de um lugar que ocupa centralidade com relação a outros lugares (imagem 17 (2). A utilização dessa configuração é relativamente atribuída a algo que esteja centralizado ou em melhor posicionamento e que em alguns momentos a pensar no contexto também pode ser atribuído a região central da cidade.

A terceira configuração de sinal que identificamos e o representado nas imagens 16 e 17, trata-se de um sinal icônico composto representando uma área de pessoas em movimento indo e vindo. Essa e a configuração do sinal do bairro do centro de Porto Velho, convencionado pela comunidade surda. Entre os três sinais existentes esse é o mais utilizado e com menor índice de objeções por toda a comunidade da cidade. Portanto, trata-se do sinal validado pela comunidade surda.

DANILO RAMOS DA ROCHA

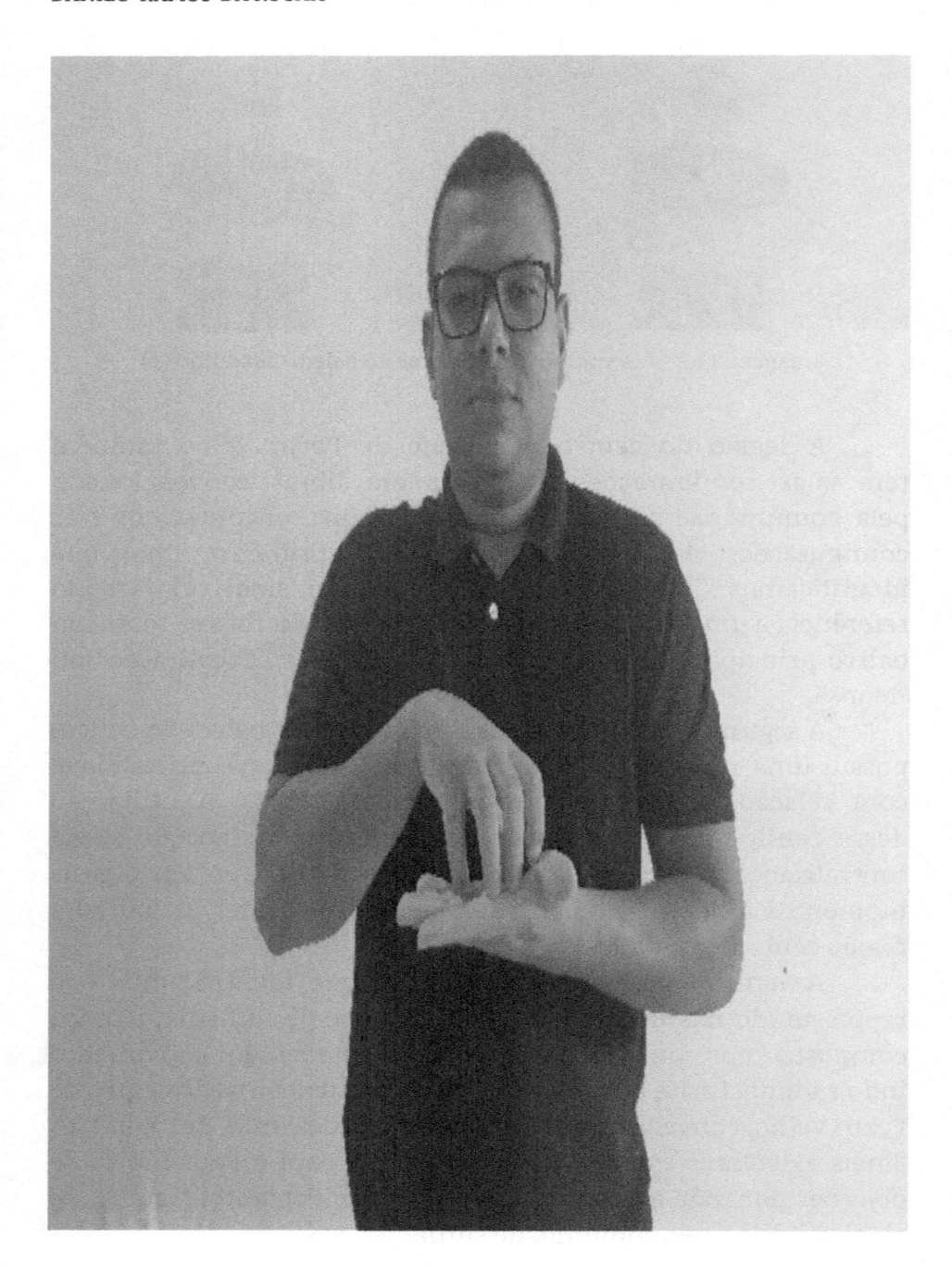

Imagem 16 (1) e 17 (2) - Configuração o nome do bairro Centro

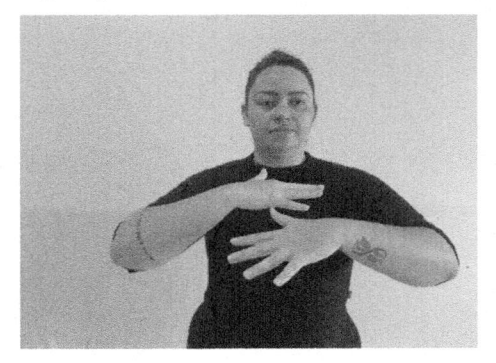

Imagens 16 e 17 (3) – configuração do nome do bairro Centro

    O bairro Tancredo Neves é um dos 103 bairros pertencentes a cidade de Porto Velho no Estado de Rondônia. O bairro possui aproximadamente 148 estabelecimentos comerciais distribuídos entre vários segmentos da cadeia do comércio, serviço, indústrias, dentre outros. o nome do bairro é uma homenagem o ex-presidente falecido Tancredo de Almeida Neves. Foi conhecido por ter sido o primeiro civil eleito à presidência depois de 21 anos de Ditadura Militar. Foi lançado a presidência da república na eleição do Colégio Eleitoral de 1985, a última eleição para a presidência que ocorreria de maneira indireta. A candidatura foi um sucesso e Tancredo venceu com 480 votos contra 180 votos de Paulo Maluf. Assim, foi eleito o primeiro civil para a assumir a presidência desde que Jânio Quadro tinha sido eleito presidente em 1960.

No mapeamento dos sinais dos nomes dos bairros da Cidade de Porto Velho, identificamos que a comunidade surda utiliza dois sinais. O primeiro trata-se de um sinal icônico que representa visualmente os postes de iluminação elétrica do bairro (imagem 18). Esse sinal foi validado pela comunidade surda de Porto Velho, porque visualmente o bairro é composto por diversos postes de iluminação elétrica que se tornou maior representação iconográfica da representação visual para a cultura e identidade dos surdos.

Imagem 18 – Configuração do nome do bairro Tancredo Neves (1)

O segundo sinal identificado em libras possui uma configuração que caracteriza um empréstimo linguístico da língua portuguesa. O sinal é configurado com a letra de "T" de "Tancredo Neves". Identificamos que o uso da letra T foi atribuído ao nome do bairro porque no passado, os surdos não memorizavam o nome completo do bairro dada a dificuldade linguística que tinham com libras. Por conta disso, adotaram o empréstimo das letras do alfabeto para referenciar o bairro, dado esses fatos até hoje utiliza-se a configurações "T" e "N" para o nome do bairro.

Imagem 19 – configuração do nome do bairro Tancredo Neves (2)

Outro importante é histórico bairro de Porte Velho é o Bairro Triângulo. Nos estudos realizados identificamos que o bairro Triângulo recebeu esse nome porque encontra-se localizado nas margens do Rio Madeira, onde formou uma pequena comunidade no período que foi construída a Estrada de Ferro Madeira Mamoré. Como o bairro encontra-se localizado num local onde o trem entrava em um triângulo para virar a locomotiva e conseguir retornar o trajeto, acabou tornando-se o nome do bairro.

Identificamos uma outra narrativa apresentada pelos

moradores que revela que o maior símbolo do bairro surgiu na década de 50 do século XX por meio de uma quadrilha junina com o nome "Flor do Maracujá", organizada pelo ferroviário Joventino Ferreira Filho. Na atualidade o cenário folclórico de Porto Velho é marcado pelos festivais de quadrilha juninas que tem a participação da Flor do Maracujá tornando uma das primeiras quadrilhas de que se tem notícia em Porto Velho.

No mapeamento do nome do bairro em configurações dos sinais libras encontramos dois sinais. O primeiro sinal possui uma representação icônica com empréstimo linguístico, letra T e mais a imagem visual das ladeiras inclinadas. Esse sinal foi validado pela comunidade surda devido as características geográficas do bairro possuem várias ladeiras com inclinações acentuadas.

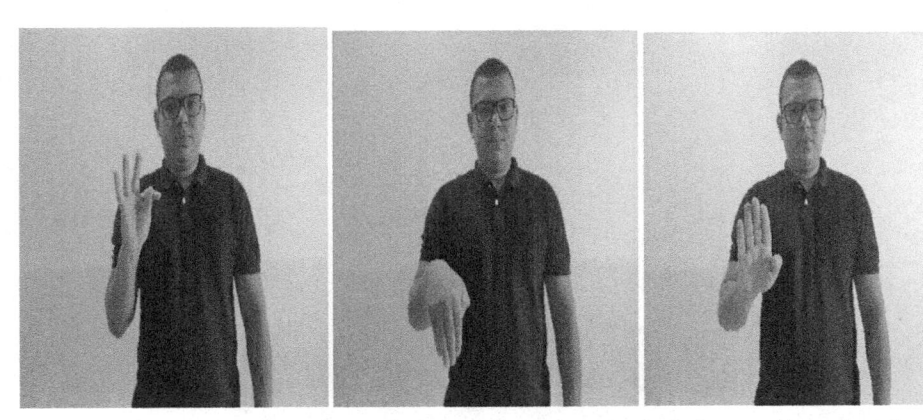

Imagens 20,21,22 - Configuração do nome do bairro Triângulo (1)

Essa configuração o nome do Bairro Triângulo trata-se de um Sinal arbitrário do ponto de vista da cultura e identidade surda. Porém, pode ser considerado icônico, se tomarmos a língua portuguesa como referência com a utilização da letra T. Existem casos em que a língua de sinais faz o empréstimo de letras de uma língua oral, e o fazem através da soletração manual da palavra. Na Libras, a partir de vários processos de incorporação, os empréstimos linguísticos da língua portuguesa geralmente ocorrem com o uso da primeira letra da palavra escrita em português. Neste caso, o empréstimo linguístico ocorre com a incorporação ao léxico do alfabeto da língua portuguesa da letra T como a primeira para o nome do Bairro Triângulo.

    A segunda configuração de sinal para o bairro Triângulo foi identificado com as mãos em formato de cemitério (Imagem 23), isto porque no bairro tem o cemitério Santo Antônio um dos mais antigos e o maior em atividade no Estado de Rondônia. Construído em 1975 à margem leste do Rio Madeira e a 450 metros da Capela de Santo Antônio, o cemitério abriga os jazigos de importantes personagens ilustres da cidade de Porto Velho como o do jornalista Euro Tourinho, proprietário do extinto jornal Alto Madeira e de seu irmão Luiz Tourinho, jornalista, advogado e ex-presidente da Federação dos Comércios de Rondônia. São pioneiros que ajudaram a construir a identidade cultural da cidade de Porto Velho.

Imagem 23 – Configuração do nome do bairro Triângulo (2)

    O próximo bairro que mapeamos a configuração do sinal em

Libras foi do bairro areal. O bairro surgiu na década de 50 a partir de um grande areal de onde era extraído areia para construções do patrimônio histórico de Porto, como o Hotel Porto Velho, Mercado Municipal, Prédio do Relógio e Palácio Getúlio Vargas. A partir desse areal e da sua proximidade do centro de Porto Velho, muitos populares começaram a ocupar a região no final da década de 50, sendo consolidado o bairro.

No bairro um dos patrimônios históricos mais importantes foi a construção da Igreja católica de Nossa Senhora de Fátima. Ela é considerada a segunda igreja de Porto Velho construída por padres italianos da ordem dos Jesuítas. Um outro relevante patrimônio histórico do bairro e a construção do 5º Batalhão de Engenharia e Construção do exército brasileiro.

Para o nome do bairro identificamos a configuração de dois sinais. O primeiro faz referência às barracas da feira que acontece toda semana aos Domingos. A feira se organiza numa localidade que todos os anos ocorre enchentes do Rio Madeira. As enchentes são provocadas pela cheia do Rio Madeira que aumentam os volumes de água do Igarapé Santa Bárbara que atingi os bairros Mocambo e Areal, na região central de Porto Velho. Por conta disso, a configuração do sinal em libra traz uma representação de iconicidade (imagens 24 e 25) com representação das barracas da feira e as enchentes.

DANILO RAMOS DA ROCHA

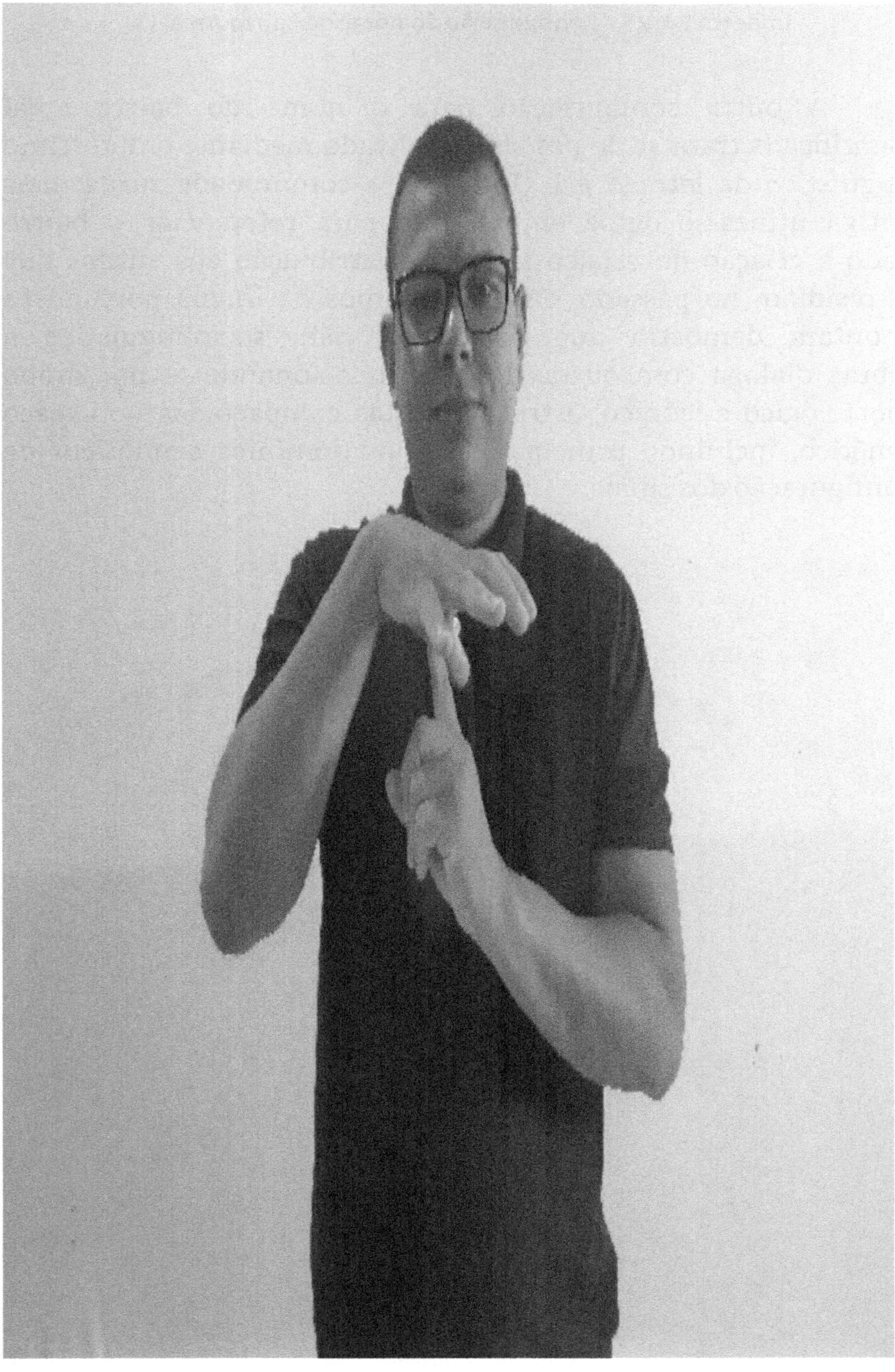

Imagem 24, 25 – Configuração do nome do bairro Areal (1)

    A outra configuração para o nome do bairro areal identificada trata-se de um sinal realizado mediante empréstimo linguístico da letra A e L (Imagens, a comunidade surda mais antiga utiliza-se desse empréstimo para referenciar o bairro dado a criação do espaço visual em atribuição aos surdos que lá residiam no passado. Os empréstimos da língua portuguesa apontam demostra que do ponto vista sociolinguístico a Libras dialoga com outras línguas, relacionando-se no campo morfológico e icônico, estruturas estas compactadas no espaço fonético, incluindo principalmente os domínios semióticos de configuração dos sinais.

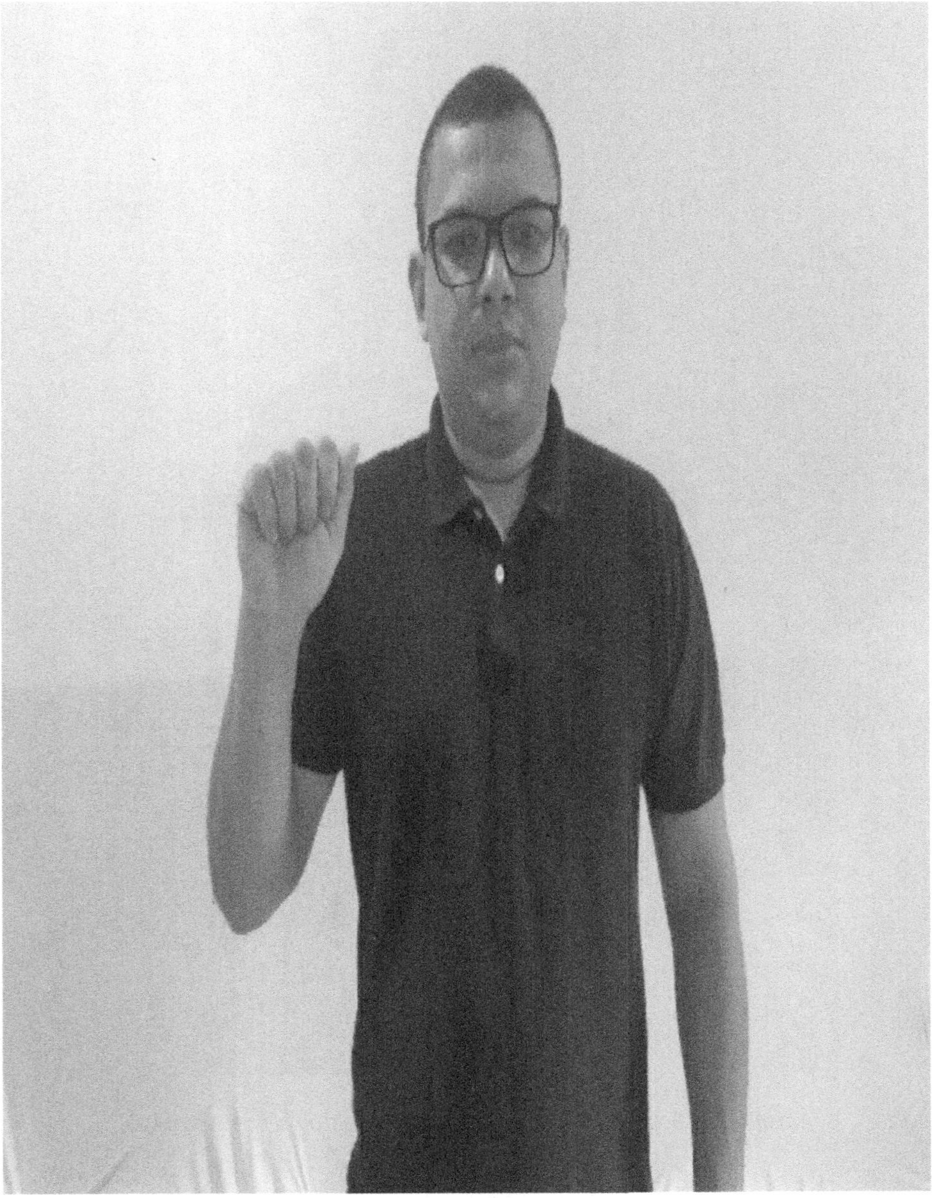

Imagens 26, 27 – Configuração do nome do bairro Areal (2)

Validação dos sinais

Na identificação das configurações dos sinais dos nomes dos bairros de Porto Velho, nota-se que a presença de iconicidade e arbitrariedade, revelando características das representações dos nomes dos bairros por ícones que tem imagens ou letras que revelam a presença da cultura e identidade da comunidade surda de Porto Velho.

Nota-se que alguns nomes de bairro identificamos os empréstimos lexicais da LIBRAS para a configuração de sinais utilizando o alfabeto manual, com representação das Configurações de Mão para nome de bairro que reproduzem o alfabeto da Língua Portuguesa, constituindo assim a estrutura da DATILOLOGIA, também reconhecida como soletração digital. A utilização deste recurso estrutural na língua brasileira de sinais se faz necessárias para a soletração de nomes do bairro que possui sinais compostos que explicam o sentido de uma determinada palavra.

Por ser a Língua de Sinais Brasileira, uma língua de modalidade visuoespacial, a iconicidade está presente em grande parte dos sinais da Libras, pois a relação entre a "forma" e o "sentido" é nas configurações dos sinais é bastante visível. Todavia, Teixeira (2021) nos alerta *"que apesar da iconicidade estar mais presente na língua de sinais, não podemos considerar essa uma característica exclusiva das línguas visuo-espaciais, pois, nas línguas orais auditivas, ela também está presente"*.

Por outro lado, Teixeira (2021) revela que a ideia de arbitrariedade da língua se relaciona com a ideia de convenção. Ele nos mostra que enquanto a palavra "cadeira" é icônica na língua de sinais, na língua portuguesa ela é arbitrária, pois só recebe esse nome devido a uma convenção que estabelece esse conceito sem nenhuma uma relação entre o som da palavra e o objeto.

Neste sentido, podemos reconhecer que os nomes dos bairros que possuem sinais arbitrários que não têm seus constituintes influenciados por representações imagéticas relacionada ao espaço geográfico do bairro. Isso nos mostra que mesmo a Libras sendo uma língua de forte motivação icônica, alguns dos seus sinais possui configurações arbitrários que sem nenhuma relação iconográfica, mas registra uma característica da cultura e identidade da comunidade surda de Porto Velho na validação de nomes de bairros da cidade.

Teixeira (2021) corrobora com as nossas reflexões ao revelar que ao discutirmos a cultura e identidade da comunidade surda presente nos nomes dos bairros da Porto Velho, ajuda justificar o status linguístico da Libras e desconstroem preconceitos em relação à língua de sinais.

> Apesar de inúmeras lutas e séculos de opressão, podemos observar progressos significativos no que diz respeito à comunidade surda, como a oficialização da Libras, o direito do surdo de ter um intérprete nas instituições educacionais, a obrigatoriedade da inclusão do ensino de Libras nas áreas de licenciatura no ensino superior para surdos etc. No entanto, para que a Libras seja realmente reconhecida como língua, é necessário, além da implementação de políticas públicas, estudos que descrevam suas singularidades e que desconstruam estereótipos equivocados. [...] Eliminar o preconceito e reducionismos da sociedade é um caminho difícil, mas mudar a perspectiva e o olhar que temos em relação à comunidade surda é um fator fundamental para que haja a real inclusão. Além disso, são necessárias modificações de modo que as especificidades da comunidade surda sejam atendidas e, principalmente, sua singularidade linguística respeitada. É preciso que seja desenvolvida uma visão crítica em relação ao contexto social atual, direcionando o olhar para os surdos e criando a consciência de que essa comunidade é composta por integrantes ativos em nossa sociedade (TEIXEIRA, 2021, p. 6).

Neste contexto, a presente pesquisa buscou revelar a configuração de sinais relacionadas à iconicidade e arbitrariedade na Libras. A partir da análise dos nomes dos bairros, além da descrição da configuração dos sinais em Língua de Sinais Brasileira, buscou-se refletir questões relacionadas a cultura e identidade dos surdos de Porto Velho.

Para a validação dos sinais-termos buscou-se explorar

os elementos históricos e culturais dos nomes dos bairros desenvolvidos pelos surdos em relação com o mundo ouvinte na percepção de sua identidade e diferença cultural com o mundo ouvinte. Partindo da premissa de que, a percepção visual do espaço histórico e cultural vivido e representado pela linguagem, presentifica através de conceitos o ambiente, os contextos e experiências visuais reportam aos surdos uma compreensão relativa à determinado espaço físico, e não outro. Assim, para validação dos sinais-termos é necessário que haja a manifestação deles, nas práticas de linguagem da comunidade surda local.

Esse processo de validação se deu no âmbito do grupo de estudo criado pelas associações (ASPVH e APPIS), grupo denominado Glossário bairro de Porto Velho em Libras, onde inicialmente se digitavam os nomes em português, depois falavam um pouco da história desse bairro e surdos que residiam nesses falavam algumas de suas características, em seguida passava se a criação do sinal para esse bairro, normalmente criavam 2 ou 3 sinais e eram colocados para escolha através de votação, ganhando o mais votado entre surdos e interpretes. Dessa forma foram criados mais de 60 sinais-termos dos bairros de Porto Velho.

Em relação às variações de configuração de sinais para os nomes dos bairros, Martins e Stumpf (2016, p.51) revelam que, essas ocorrências se dão devido às variações presentes na língua conforme os contextos culturais em que vivem os sujeitos surdos. Elas comentam, que isso ocorre pelo motivo da variação linguística, e, porque os surdos utilizam sinais distintos, conforme o ambiente cultural em que vive, como em qualquer língua, o português tem variação linguística, como língua, a Língua de Sinais Brasileira (LSB) também possui suas variações.

Como a Libras é uma língua viva, assim como outras línguas, e, a comunidade surda sempre utiliza os sinais-termos configurados de forma diferentes, de acordo com Martins e Stumpf (2016, p. 53), é importante mapear os sinais-termos e divulgá-los para que a comunidade surda para compreender suas variações nos processos de comunicação e expressão.

Por outro lado, Dias (2017) nos mostra que o reconhecimento desses sinais-termos pode ocorrer a partir da codificação da identidade, localização, em qual contexto social o texto, fala e sinalização estão sendo utilizados. A zona de contato é entendida na particularidade social e cultural. No caso do sujeito surdo, a sinalização não é apenas suporte para a comunicação, mas sim, para a realização dos processos de comunicação e expressão.

Neste sentido, reconhecemos que a maioria dos surdos nascem em famílias ouvintes, sendo esse, seu principal território cultural de contato, além da percepção de sua cultura e identidade em relação aos outros surdos e de sua diferença no tocante aos familiares, amigos e professores ouvintes. Tendo compreensão dessa realidade, pudemos registrar duas categorias de sinais-termos: Arbitrários e Icônicos.

Nota-se que os sinais icônicos trazem representações de imagens visuais das experiências culturais e históricas que os surdos atribuem aos lugares, como é o caso do sinal do bairro Areal, no qual, são presentificadas as constantes enchentes do rio, inundando as barracas da feira livre, portanto, essas imagens são referentes não apenas ao local, mas à experiência, sendo incorporadas na configuração do nome bairro.

Por outro lado, nota-se que os sinais arbitrários não possuem relação com o artefato visual dos povos surdos, como é o caso do sinal-termo para o bairro 4 de janeiro, um sinal realizado através da configuração de mão em 4 e da letra j, nesse sentido, percebemos certa estratégia cultural da comunidade surda de Porto Velho na utilização da Língua de Sinais Brasileiras como prática social. Nessa mesma direção, temos Sinal Arbitrário realizando mediante empréstimo linguístico das iniciais da linha de ônibus Norte Sul que circulava no bairro.

Temos outros elementos de proposta de análise promissores para o futuro de sinais-termos diferentes (icônico e arbitrário) para representação de um mesmo bairro, como é o caso do bairro Areal, que apresenta duas sinalizações relativas à situações históricas e culturais diferenciadas, as quais, infelizmente não podemos dar conta nesta pesquisa de mestrado, mas que, podem ser retomadas em outro momento, na direção de aprofundar os elementos de translinguagem presentes na formação desses sinais-termo.

Na direção dessas reflexões, Faria (2003) comenta que, por muito tempo foi necessário um afastamento do conceito de iconicidade das Línguas de sinais. Isso ocorreu, para as Línguas de sinais obterem status linguísticos iguais aos das Línguas orais. Assim, ela comenta que, o motivo do conceito icônico representar o semelhante, aquilo que é próximo do que quer demonstrar, levou a Libras buscar se distanciar dos conceitos icônicos. Entretanto, a autora comenta que, entre um elemento significativo de uma língua e a sua denotação é necessário ser independentes de qualquer semelhança física entre elas.

Nestes pressupostos segundo Faria (2003, p. 65), "Ao mesmo tempo, gestos e pantomimas são considerados partes substanciais das LS, fato que criou uma série de confusões entre iconicidade e metáfora". Assim, ao descrever as pantomimas, a autora nos mostra que, a expressão corporal, ou seja, a imitação, que é o caso da pantomima, pode gerar uma confusão em relação à metáfora e iconicidade.

Dado a esse fato, percebemos que, a iconicidade pode ser relacionada com o contexto metafórico, porque ela representa a forma de algo. Por exemplo: a foto é icônica porque representa a pessoa, ou seja, baseado nos pressupostos teóricos de Faria (2003), pode-se dizer que há uma correlação entre forma e função no conceito de iconicidade.

Já em relação à metáfora, é notável que haja uma semelhança com o icônico, dessa forma, metaforicamente falando, um termo é usado para se referenciar a outro termo. Por exemplo: "você tem uma vontade de ferro para estudar", ou seja, tem uma vontade forte, já que forte está metaforicamente ligado ao termo ferro.

Analisando de forma geral, a autora demonstra que gestos e pantomimas podem de fato gerar confusões entre metáfora e iconicidade, porque os dois conceitos se estruturam em representar algo, a partir de uma forma que é semelhante àquilo que se quer representar.

Por fim, buscamos revelar que, nas configurações dos sinais dos nomes dos bairros da cidade Porto Velho, temos a presença de sinais icônicos e arbitrários reveladores de um movimento de mesclagens interculturais, para consolidação das relações não só de comunicação, mas também de manutenção das intersubjetividades de sujeitos em contato, que, em suas manifestações linguísticas, expressam essa situação histórica e cultural da comunidade surda de Porto Velho.

Carvalho (2021) assegura que, "conhecer uma cultura é como conhecer uma língua e descrever uma cultura é como descrever uma língua". Partilhando destes pressupostos, reconhecemos ser possível identificar a cultura do outro, a partir de uma língua. Neste sentido, a comunicação é essencial nas práticas sociais desenvolvidas pelos sujeitos surdos. Considerando que, os processos de interação humana contribuem para partilhamos informações ocorridas de forma simultânea através do diálogo, consequentemente

> Vale notar que, como vimos acima, língua é entendida na sua relação com as práticas discursivas que formam a cultura e que essas práticas, por sua vez, se dão através da interação entre indivíduos e grupos. A interação, mediada pela linguagem, seria, segundo Tomasello (1999), o centro da cognição humana (CARVALHO [s.d], p.4).

Para Carvalho (2021), portanto, as construções abstratas são fundamentais para a formação da criatividade linguística. Essas construções devem, pois, ser elaboradas de forma individual, da mesma forma em que é feita a distinção na qual, é feita a escuta dos usuários mais aprofundados da língua. Tal perspectiva nos mostra que, a interação entre as construções linguísticas abstratas e as palavras individuais concretas, criam possibilidades para construções de elementos linguísticos que promovem a diversidade.

Dessa maneira, podemos reconhecer a presença da

configuração de sinais dos nomes dos bairros, as representações de iconicidade arbitrariamente revelam elementos da cultura e identidade da língua de sinais, possuindo características de conceitos que precisam ser separados, para se ter um entendimento maior do que cada um representa na configuração do sinal.

O sinal de "icônico ou arbitrário" pode ser compreendido conforme o contexto social em que se está utilizando a língua de sinais. A articulação do sinal, bem como, a sua movimentação pode ser icônica ou arbitraria, mas sempre revela a diversidade cultural presente na língua.

CONSIDERAÇÕES FINAIS

A língua de sinais em Porto Velho, necessita ter seu registro inscrito no âmbito acadêmico, no sentido de fortalecer a identidade dos surdos enquanto pesquisadores de sua própria língua e cultura. O registro dos sinais relativos aos bairros, certamente contribuirá para a ampliação do acervo visual desses sinais, os quais, se revestem de importância especial, em virtude do auxílio na localização tanto das moradias, quanto do trânsito entre esses bairros e o centro da cidade, contribuindo potencialmente com o trabalho dos intérpretes e dos professores.

Os objetivos dessa pesquisa foram alcançados no sentido de realizar o mapeamento dos sinais-termos dos bairros de Porto Velho. Também conseguimos comprovar a presença de sinais icônicos e arbitrários dentro desse mapeamento, juntamente com as implicações teóricas e metodológicas que já extrapolam essa pesquisa de Mestrado, devido ao tempo e à reconfiguração necessária da pesquisa, no sentido de estabelecer e aprofundar outras abordagens teóricas e metodológicas para análise dos dados produzidos.

A metodologia dos estudos pós-críticos, nos possibilitou realizar essa pesquisa contribuindo para consolidação dos estudos em Terminologia das línguas de sinais em Rondônia, lugar ainda carente de outras pesquisas e registros. Os estudos pós-críticos, também asseguram existir em uma dada pesquisa, sua dimensão de inacabamento, de um diálogo que não se esgota, mas que merece ser retomado.

Nesse sentido, tal estudo aponta para futuras análises em potencial de como as teorias da translinguagem, podem contribuir para múltiplas análises das relações entre sujeitos cultural e linguisticamente diferentes, além de perceber como esses estabelecem negociações interculturais para estruturar suas representações de mundo.

Os registros produzidos, portanto, são legítimas expressões da Cultura e identidade da comunidade surda de Porto Velho. Considerando que a validação das dos sinais, ocorrem através de diálogos interculturais com um grupo de surdos de diferentes regiões da cidade, constituindo assim, uma tessitura de diálogos interculturais para configurações dos nomes dos bairros. Com isso está pesquisa não registrou apenas os sinais existentes, mas também promoveu diversas reflexões que revelam a diversidade cultural da língua brasileira de sinais utilizada pelos membros da comunidade surda de Porto Velho.

REFERÊNCIAS

BIEMBENGUT, Maria Salett. **Mapeamento na pesquisa educacional**. Rio de Janeiro: Editora Ciência Moderna Ltda., 2008.

CARVALHO, N. Sérgio. **Metáfora e Cultura Uma Abordagem Socio-Cognitivista**. UERJA-UNESA. Acesso em 10/10/2021 Disponível em: http://www.filologia.org.br/revista/39/09.pdf.

CHOMSKY, Noam. **Linguagem e Pensamento**. 2. ed. Rio de Janeiro: Vozes,1971.

DIAS, Nelson. **Os sentidos construídos pelos estudantes surdos em práticas translíngues no facebook**. Dissertação de Mestrado, Universidade Federal do Mato Grosso do Sul, 2017.

DURAND, Gilbert. **O imaginário**: ensaio acerca das ciências e da filosofia da imagem. Tradução de Renée Eve Levié. 3ªed. - Rio de Janeiro: DIFEL, 2004.

CALVET, L-J. As políticas linguísticas. São Paulo: Parábola, 2007.

FARIA, Sandra Patrícia. **A Metáfora na LSB e a Construção dos Sentidos no Desenvolvimento da Competência Comunicativa de Alunos Surdos**. Universidade de Brasília. Brasília, 2003.

FERNANDES, Sueli. **Educação de Surdos**. 2. ed. atual. Curitiba: Ibpex, 2011.

FISCHER, Susan. **Verb Inflections in American Sign Language and Their Acquisition by the Deaf Child**. Paper presented at the Winter Meeting of the Linguistic Society of America. [s.l., s.n.]. 1973.

FREITAS, Gabriela Castro Menezes. Pesquisa em Aquisição da Linguagem. In: AGUIAR, Vera Teixeira; PEREIRA, Vera Wannmacher (Org.). **Pesquisa em Letras** [recurso eletrônico]. Porto Alegre: EDIPUCRS, 2007.

GOMES, João Carlos & VILHAVA, Shirley. Capítulo I As Epistemologias das Línguas de Sinais Indígenas. IN:

Epistemologias dos estudos surdos: língua, cultura e educação sob o signo da diversidade cultural / João Carlos Gomes (organizador). (Coleção Registros de estudos e pesquisas das línguas de sinais indígenas no Brasil – volume 1) – Curitiba : CRV, 2020. 476p.

GESSER, Audrei. **LIBRAS? Que Língua é Essa?** Crenças e Preconceitos em Torno da Língua de Sinais e da Realidade Surda. [Prefácio de Pedro M. Garcez]. São Paulo: Parábola Editorial, 2009.

HOFFMEISTER, Robert James. **The Development Pronoums Locatives and Personal Pronoums in the Acquisition of American Sign Language by Deaf Children of Deaf Parents**. Doctural Thesis. University of Minnesota. 1978.

KARNOPP, Leodenir Becker, KLEIN, Madalena e LUNARDI-LAZZARIN, Márcia Lise. **Cultura Surda na Contemporaneidade**: negociações, intercorrências e provocações. Canoas: Ed. ULBRA, 2011.

KARNOPP, Leodenir Becker. **Fonética e fonologia**. Apostila do curso de Letras- Libras licenciatura e bacharelado. Florianópolis: UFSC, [s/d]. Disponível em: <http://www.Libras.ufsc.br/colecaoLetrasLibras/eixoFormacaoBasica/foneticaEFonologia/assets/359/FoneticaFonologia>. Acesso em: 26/10/2016.

LIMA BARRETO, Evanice Ramos. **Etnolinguística**: pressupostos e tarefas. P@rtes. (São Paulo). Junho de 2010. ISSN 1678-8419. Acesso em 10/03/2018. Disponível em:<www.partes.com.br/cultura/etnolinguistica.asp>.

MARTINS, Francielle Cantarelli & STUMPF, Marianne Rossi. **Coleta e registro de sinais-termos psicológicos para Glossário de Libras**. Revista Leitura V.1 nº 57 – jan/jun 2016.

MACHADO, Paulo Cesar. **A perspectiva da educação intercultural para a abordagem bilíngue**: A surdez em questão. Centro Federal de Educação Tecnológica de Santa Catarina – CEFET-SC / Unidade de São José. Doutorando em Educação – UFSC – In: **Revista Linhas** - Florianópolis, v. 10, nº 01, p. 208 – 218, jan./jun. 2009.

PERLIN, Gladis. CAPÍTULO VII: A CULTURA SURDA E OS INTÉRPRETES DE LÍNGUA DE SINAIS (ILS). IN: **Epistemologias dos estudos surdos: língua, cultura e educação sob o signo da**

diversidade cultural / João Carlos Gomes (organizador). (Coleção Registros de estudos e pesquisas das línguas de sinais indígenas no Brasil – volume 1) – Curitiba : CRV, 2020. 476p.

PETITO, L. On the Autonomy of Language and Gesture: Evidence from the Acquisition of Personal Pronoums in American Sign Language. In Cognition. Elsevier Science Publisher B.V. vol. 27. 1987.

PROMETI, Daniela; COSTA, Messias Ramos; TUXI, Patrícia. UNIVERSIDADE FEDERAL DE UBERLÂNDIA – UFU. **Sinal-Termo, Língua de Sinais e Glossário Bilíngue: Atuação da Universidade de Brasília nas Pesquisas Terminologicas.** Uberlândia. 2015.

QUADROS, R. M; **Educação de surdos: a aquisição da linguagem**. Artes Médicas. Porto Alegre. 1996.

QUADROS, Ronice M.; SCHMIEDT. Magali L.P. **Ideias para ensinar português para alunos surdos.** Brasília: MEC, SEESP, 2006.

QUADROS, Ronice Müller de (org.). **Estudos surdos I.** Petrópolis, RJ: Arara Azul, 2006.

SÁ, Nídia Regina Limeira de. **Cultura, Poder e Educação de Surdos.** 2 Ed. São Paulo: Paulinas, 2010.

SANTOS. Patrícia Tuxi dos. **A Terminologia na Língua de Sinais Brasileira: proposta de organização e de registro de termos técnicos e administrativos do meio acadêmico em glossário bilíngue.** Dissertação de Mestrado, Universidade Federal de Brasília, 2017.

SILVA. Tomas Tadeu da. **Documentos de identidade**: uma introdução às teorias do currículo. 3ª ed. Belo Horizonte: Autêntica, 2009.

SKLIAR, Carlos. Perspectivas Políticas e Pedagógicas da Educação Bilíngue para Surdos. In: SILVA, Shirley; VIZIM, Marli. **Educação Especial**: múltiplas leituras e diferentes significados. Campinas: Mercado de Letras/ALB, 2001.

STOKOE, William. **Estrutura de Linguagem de Sinais**: um Esboço dos Sistemas de Comunicação Visual dos Surdos Americanos. in: Journal of Deaf Studies and Suraf Education. Vol.10, No.1.New

York: Oxford University Press, 2005.

STROBEL, Karin. **As imagens do outro sobre a Cultura Surda**. 4ª ed. Florianópolis: Ed. da UFSC, 2013.

STROBEL, Karin. **As imagens do outro sobre a Cultura Surda**. 4ª ed. Florianópolis: Ed. da UFSC, 2013.

STUMPF, M. R.; QUADROS, R. M. **Tradução e Interpretação da Língua Brasileira de Sinais: Formação e Pesquisa**. Cadernos de Tradução. Vol. 2, N. 26. Jul.-dez., 2010.

TEIXEIRA, Vanessa Gomes. **A iconicidade e arbitrariedade na Libras**. Universidade Estadual do Rio de Janeiro – Acesso em 18 de outubro de 2021 em: http://www.filologia.org.br/vii_sinefil/COMPLETOS/A%20iconicidade%20e%20arbitrariedade%20na%20Libras%20-%20VANESSA.pdf.

TUXI DOS SANTOS, Patrícia. **A Terminologia na Língua de Sinais Brasileira: Proposta de Organização e de Registro de Termos Técnicos e Administrativos do Meio Acadêmico em Glossário Bilíngue**. Universidade de Brasília UNB instituto de letras - il departamento de linguística, português e línguas clássicas - lip programa de pós-graduação em linguística ppgl. Brasília, 2017.

VILHALVA, Shirley. **Índios surdos: mapeamento das Línguas de Sinais do Mato Grosso do Sul**. Petrópolis, RJ, Ed. Arara Azul, 2012.

---

[1] INES: Instituto Nacional de Educação de Surdos

[2] FENEIS: Federação Nacional de Educação e Integração dos Surdos

[3] http://www.mestradoemletras.unir.br;

[4] Bolsa Intérprete: proposta feita pela Chefe do Departamento de Libras na época a professora Ariana Boaventura, consolidada pelo apoio do professor Ari Ott, reitor à época;

[5] Faulstich define a 'socioterminologia', como prática do trabalho terminológico que se fundamenta na análise das condições de circulação do termo, assentada no funcionamento da linguagem. Sendo definida também como uma disciplina descritiva que estuda o termo sob a perspectiva da linguística na interação social

[6] Imagens produzidas por Danilo Ramos, com configuração de mãos realizada

pela surda Arine Holanda.

[7] Imagens produzida por pelo intérprete de libra da comunidade surda de Porto Velho, Héverson Duarte de Souza, com configuração de Mãos do pesquisador surdo, Danilo Ramos.

[8] Imagem produzida pelo Pesquisador Surdo, Danilo Ramos, com configuração de mãos do surdo da comunidade de surda de Porto Velho, Bruno ualace Francisco Vaz Martins.

Made in United States
Orlando, FL
25 June 2023